O Executivo Peregrinador

ALESSANDRO GERARDI

O Executivo Peregrinador

Uma jornada de autoconhecimento rumo ao
sucesso nos negócios (e na vida!)

São Paulo
2022

Grupo Editorial
UNIVERSO DOS LIVROS

Diretor editorial
Luis Matos

Gerente editorial
Marcia Batista

Assistentes editoriais
Letícia Nakamura
Raquel F. Abranches

Preparação
Ricardo Franzin

Revisão
Rafael Bisoffi
Nathália Ferrarezi

Diagramação
Renato Klisman

Capa
Zuleika Iamashita

Dados Internacionais de Catalogação na Publicação (CIP)
Angélica Ilacqua CRB-8/7057

F314e

Gerardi, Alessandro

O executivo peregrinador : uma jornada de autoconhecimento rumo ao sucesso nos negócios (e na vida!) / Alessandro Gerardi. –– São Paulo : Universo dos Livros, 2022.

176 p : il.

ISBN 978-65-5609-290-4

1. Desenvolvimento profissional 2. Santiago de Compostela (Espanha) - Descrições e viagens I. Título

22-4960   CDD 158.1

Universo dos Livros Editora Ltda.
Avenida Ordem e Progresso, 157 — 8º andar — Conj. 803
CEP 01141-030 — Barra Funda — São Paulo/SP
Telefone: (11) 3392-3336
www.universodoslivros.com.br
e-mail: editor@universodoslivros.com.br

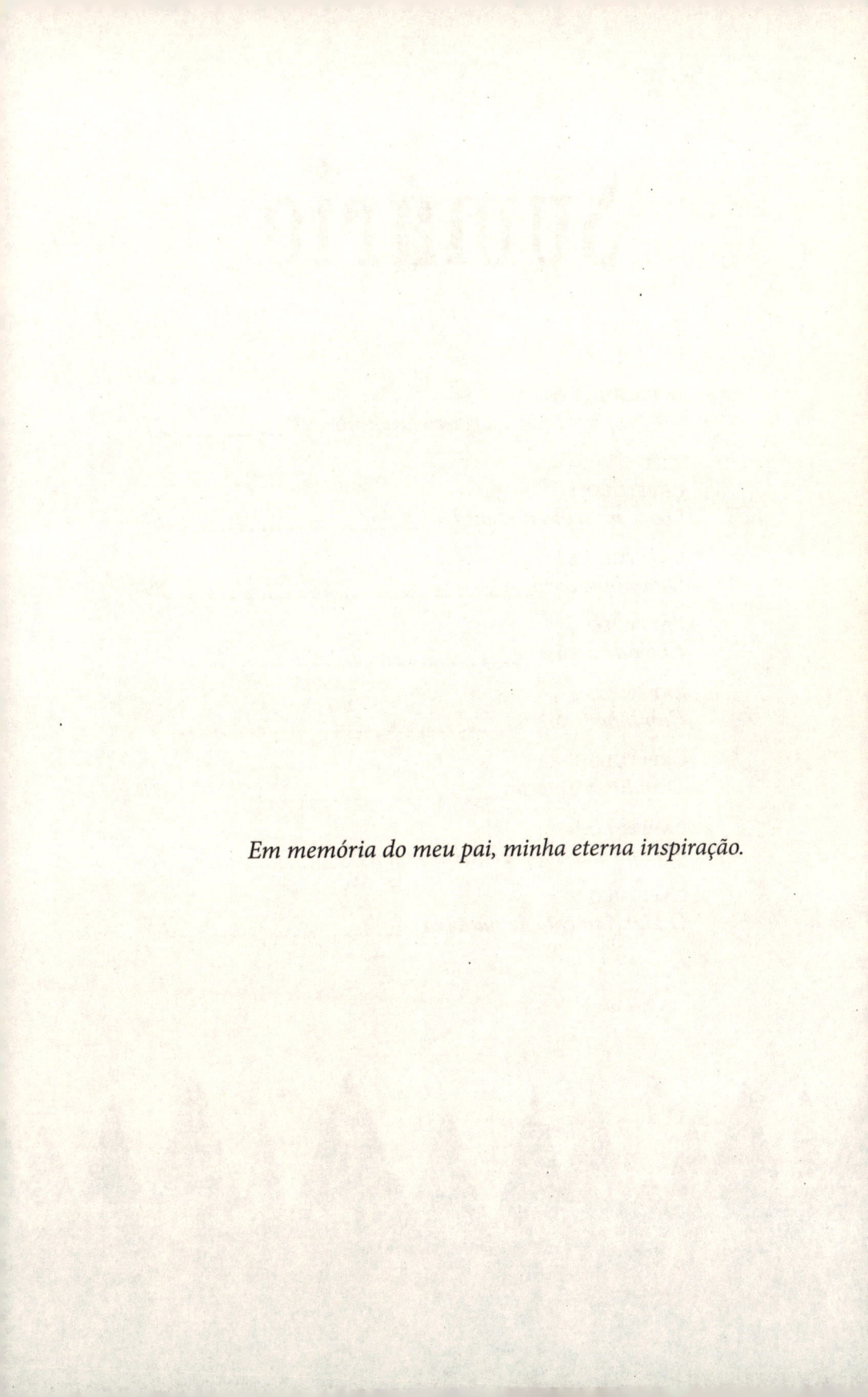

Em memória do meu pai, minha eterna inspiração.

Sumário

INTRODUÇÃO

"O que posso fazer
para ter mais dinheiro?"

A PERGUNTA ME ASSALTOU DE TAL FORMA QUE EU sabia que precisaria de tempo para respondê-la. Não adiantaria entrar em uma sala, sentar-me diante do computador e pesquisar ideias de novos negócios lucrativos. Ideias eu tinha aos montes, mas algo não se encaixava. Eu queria ganhar mais dinheiro e, ao mesmo tempo, trabalhar menos horas por dia; queria ter mais liberdade financeira sem me preocupar com minha saúde mental. Eu precisava diminuir o ritmo de trabalho, ter tempo para a família, criar um negócio próspero que pudesse trazer uma contribuição para a sociedade. Eram tantas as premissas que talvez eu nem pensasse ainda que nada daquilo adiantaria se não fosse algo que eu efetivamente *gostasse* de fazer.

Por isso, enquanto embarcava naquele avião, sabendo que só retornaria quarenta dias depois, eu não tinha ideia do que estava por vir.

Era a primeira vez que faria o Caminho de Santiago. Não tinha qualquer expectativa de uma transformação espiritual ou coisa do tipo. Só queria caminhar e meditar sem muitos ruídos externos; literalmente, resolver minha vida longe do barulho do dia a dia.

O casamento ia bem, os filhos eram quase adultos, a vida profissional não era mais a correria de antes. Havia alguns anos, na época, eu tinha saído do meu último cargo após ter coordenado, como derradeira tarefa, o processo de fechamento da empresa em que eu trabalhava como diretor-geral.

A missão tinha sido difícil de concretizar sem danos emocionais. Fui incumbido da ingrata tarefa de demitir mais de trezentos funcionários e conduzir esse doloroso processo, que levaria muitas famílias a um novo rumo. Anos antes, eu já havia participado do fechamento de outra empresa, em um processo de reestruturação também marcado por muitos cortes de pessoal.

A dificuldade me abatia não só porque eu me envolvia sensivelmente com a história de todos, mas, de certa forma, eu tinha a sensação de que envelhecer trabalhando na função de gestor poderia impactar demasiadamente a minha saúde emocional.

O cuidado com a saúde mental começava a despontar na mídia. Os casos de *burnout* pipocavam entre gestores e líderes, e eu ansiava por mudanças como nunca. Queria trilhar um novo caminho profissional, mas não tinha a menor ideia de como equacionar tudo isso.

Longe de tudo, a percepção dos fatos muda. Adicionalmente, haveria o benefício bioquímico proporcionado pela caminhada, que faz com que a mente esteja preparada para formular novos *insights*.

Eu não era cético, mas, naquele momento, não via qualquer perspectiva de mudança de carreira. Tinha lido relatos minuciosos de pessoas que recalcularam a rota de suas vidas durante a caminhada e não conseguia entender como uma peregrinação poderia motivar tais reviravoltas.

Embora eu estivesse buscando um novo caminho profissional, minha vida pessoal e financeira era boa. Eu tinha paz de espírito, vida estável. Podia me ausentar durante quarenta dias sem me preocupar com as tarefas que fazia no meu dia a dia.

Queria dar continuidade ao que já tinha construído sem comprometer a minha qualidade de vida. E a questão do dinheiro parecia ser uma das chaves. A maioria das pessoas quer mais dinheiro. E saber o que fazer para ter cifras a mais por mês na conta bancária era um dilema cuja solução me parecia pertinente.

A caminhada começaria com essa grande interrogação. Eu buscava resposta. Só não sabia que a pergunta seria reformulada ao longo do caminho. E que eu teria uma resposta ainda melhor para o que estava buscando. Uma resposta definitiva.

CAPÍTULO 1

*O que me levou
a caminhar?*

Nasci em São Sebastião, cidade litorânea no estado de São Paulo. Minha mãe, Dona Sebastiana, e meu pai, Seu Lino, faziam um grande esforço para sustentar a filha mais velha, Mônica, quando cheguei ao mundo. Esforço não tão grande quanto ele tinha feito para conquistar minha mãe, que era dura na queda. Ela dizia que ele era feio e metido — e, ainda por cima, passava correndo de carroça pela rua. Jamais sairia com um homem daqueles. Mas se apaixonou e acabou se casando com o viúvo, que já tinha dois filhos.

Embora a família dele revirasse os olhos quando o via com aquela mulher, Tiana — como preferia ser chamada — não se acovardava nem baixava a cabeça para ninguém. Muito menos para meu pai. Desde que passaram a dividir o mesmo teto, a regra era clara: era ela quem dava as cartas. Ela vinha de uma linhagem de mulheres fortes. E sabia domar Seu Lino, que era de poucas palavras.

Meu pai era um empreendedor, desses que fazem de tudo. Tinha um bar, e diz a lenda que a primeira televisão do bairro foi ele quem comprou. Mas não foi só a compra da televisão que fazia dele alguém diferenciado. Além de adquirir aquela nova tecnologia, Seu Lino a colocava ali no bar para quem quisesse assistir, mas com uma condição: era necessário pagar uma espécie de consumação mínima.

Era disruptivo para a época — cobrar para assistir à TV. Os serviços de *streaming* só viriam quase meio século mais tarde.

Além disso, ele plantava para comer. Seu pai tinha deixado essa programação em sua mente: comida, um dia, podia faltar. Coisa de italiano que tinha passado fome e precisava caminhar muito para encontrar água para beber. O sofrimento deixa suas marcas até mesmo em quem só ouviu sobre ele.

Louco para ver os filhos estudarem, ele fazia com que a gente desse nosso melhor em tudo. Não dava parabéns, mas ficava furioso quando via uma nota c no boletim.

> **" Era disruptivo para a época — cobrar para assistir à TV. Os serviços de *streaming* só viriam quase meio século mais tarde. "**

Escutar as palavras de meu pai era um privilégio. Ele quase não falava. Por isso, em seu leito de morte, quando o vi fragilizado contando uma história, percebi que era algo por demais precioso. Eu já ouvia qualquer coisa que saísse de sua boca, mas, naquele momento, eu decididamente não podia jogar suas palavras fora.

Naquele dia, ele me contou que muitas vezes ia à praça da cidade e via a cocada de que mais gostava sendo vendida por alguns poucos cruzeiros, a moeda da época, mas nunca chegara a comprar, mesmo com o preço baixo, porque economizava cada centavo para a educação dos filhos.

Lembro-me de que aquilo foi quase um epitáfio. E decidi, naquele momento, que faria tudo que precisasse para estudar e ganhar meu dinheiro. Eu precisava honrar meu pai. Tinha quinze anos quando ele morreu.

Sem perceber, guardei aquelas palavras dentro de mim, como se precisasse entender, de um jeito ou de outro, que, mesmo que a gente goste muito de algo, pelos filhos, fazemos sacrifícios.

Então, anos depois, minha esposa disse: "Estou grávida". Aquilo me paralisou. Não era o primeiro filho. Mas o espaço entre os dois era curto demais, e o médico nos fez perceber que seria preciso ter cuidado.

Experimentei um misto de alegria incondicional e medo do que estava por vir. Medo da responsabilidade, do futuro, do desconhecido. Sem falar dos medos que não são conscientes, mas vibram em algum lugar da mente e geram calafrios pelo corpo, como se ele precisasse se preparar para uma batalha ou para garantir a própria sobrevivência. Eu senti o impacto daquelas palavras. E, logo em seguida, fiz uma promessa: "Se tudo der certo, vou a pé até São Sebastião".

Aquela seria a minha primeira grande caminhada. O início de tudo. Desde que meu pai se fora eu já tinha um certo controle sobre minha vida. Tinha feito curso técnico de informática, tornei-me um bom programador, comecei a trabalhar como *office boy* e, de repente, já estava estagiando na área. Minha irmã foi para a faculdade e, assim que decidi cursar Engenharia, sabia o que me motivaria.

A frase dele sobre a cocada, dita nos minutos finais. A maneira como se preocupava com o sustento da família. Tudo aquilo estava fincado dentro de mim. Não sabia como nem quanto, mas, no final da faculdade, quando todo mundo falava o que queria fazer, aquilo já estava claro.

— O que eu quero é ganhar dinheiro — eu disse.

Tinha me casado logo que a carreira começou a decolar e tudo crescia ao mesmo tempo. As responsabilidades pareciam tamanhas que muitas vezes eu observava minha vida de fora e ficava pensando em como conseguiria lidar com tudo aquilo.

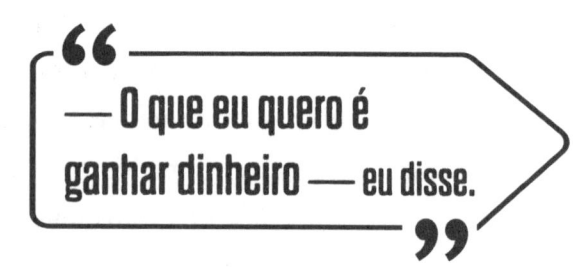

— O que eu quero é ganhar dinheiro — eu disse.

Talvez todo homem se sinta assim quando seus projetos profissionais crescem em paralelo à família. Talvez toda mulher se sinta da mesma forma quando o útero se expande enquanto a carreira decola. E, quando o segundo filho nasceu, eu me senti completo.

Só que o tempo passou rápido demais. Quando vi, já fazia onze anos que meu filho tinha nascido. E a promessa de ir a pé até São Sebastião revisitava minhas lembranças sempre que eu me deitava com a cabeça no travesseiro. "E se acontece alguma coisa com ele?", eu pensava, como se o santo fosse capaz de mandar uma vingança para o mau pagador de promessa.

A sombra da promessa não paga parecia me atormentar constantemente. No entanto, mudei o percurso. Eu prometera caminhar até São Sebastião, mas decidi fazer o Caminho da Fé, que terminava em Aparecida e tinha vários pontos de início.

Pelo meu filho, eu caminharia a qualquer lugar. Eu tinha prometido. Não parecia ser um sacrifício. Mas o primeiro dia daquela caminhada me mostrou muita coisa.

Na minha cabeça, eu andaria quarenta quilômetros por dia, levando dez minutos para cada quilômetro. Só que, na primeira hora de caminhada, eu já estava destruído, porque não levei em consideração a altimetria do percurso que faria. Uma coisa é caminhar em terreno plano, outra bem diferente é caminhar enfrentando subidas e descidas. Foi aí que tomei conhecimento da minha arrogância.

Na primeira hora de caminhada, aprendi mais do que na caminhada toda. Queria manter a média de seis quilômetros por hora, independentemente de haver subidas ou descidas. Para piorar, na segunda hora, peguei uma subida íngreme e dois ciclistas passaram a meu lado perguntando a que hora eu tinha saído. Assim que contei, eles disseram que eu estava caminhando rápido. Então, enchi o peito e fui ainda mais rápido. Como um menino que quer orgulhar o próprio pai.

Logo, comecei a sentir. O joelho passou a me incomodar, com a dor chegando sem pedir licença. Eu era um gestor. Sabia que um bom planejamento envolvia a análise não apenas da distância, mas de todos os fatores.

Uma das causas para eu dar de cara com minhas limitações era a arrogância. Eu sabia que poderia caminhar, mas não sabia quanto.

Eu fui arrogante.

É difícil enxergar nossos limites, mas podemos transpor experiências como essa para outros aspectos da vida. Cheguei detonado na próxima cidade, já me arrastando e achando que ia desistir. Estava pagando promessa e, por uma burrice minha, coloquei em risco toda a caminhada. Não tinha escutado o meu corpo, não tinha noção dos meus limites. E, na época, eu já era um gestor. Já sabia que, para gerir uma empresa, precisava entender que não era nenhum super-herói, que ninguém está bem 100% do tempo.

Lera sobre líderes que deixavam de trabalhar quando não estavam bem justamente porque não queriam passar uma imagem de

> **Para gerir uma empresa, precisava entender que não era nenhum super-herói, que ninguém está bem 100% do tempo.**

derrota para seus liderados. Mas eu acreditava que, se o sujeito estava mal e não ia trabalhar, não passava uma imagem real.

Em uma empresa, sabia que assumir que não estava bem era mostrar minha humanidade, minha vulnerabilidade. Então, por qual motivo eu não conseguia perceber isso naquela caminhada? Que era humano?

O advento da paternidade coincidiu com os passos iniciais da minha primeira empresa. Meu primogênito nasceu em 2001 e, agora com uma família para sustentar, eu sabia que precisava agir. Mas mantinha uma gestão arrojada e não conservadora.

O que fiz foi chamar amigos para trabalhar. Eu era novo. Não me sentia à vontade de contratar pessoas mais velhas. Quando abri a empresa, fizemos o site de uma rádio e tudo ia muito bem. Até que um rapaz nos indicou para o dono de uma editora e tivemos a ideia de vender uma revista com alguns CDs de jogos. Se desse lucro, dividiríamos; se desse prejuízo, também.

Era como um casamento. Na saúde e na doença. Só que nós não tínhamos como dividir prejuízo, então corremos atrás do lucro. Essa brincadeira virou uma editora; e o auge dessa editora ocorreu em 2003. O sucesso veio muito rápido. Em pouco mais de dois anos, já tínhamos duzentos funcionários. Foi ali que desempenhei pela primeira vez a função de gestor.

Como gestor, eu era um homem que ouvia as necessidades dos meus colaborado-

> **O sucesso veio muito rápido. Em pouco mais de dois anos, já tínhamos duzentos funcionários.**

res. Como pai, ainda não sabia ouvir meus filhos. Talvez não soubesse direito como me comunicar com eles.

Meu pai tinha partido muito cedo, deixando de herança a noção de que era preciso trabalhar muito, falar pouco, focar no trabalho e no resultado — e educar as crianças para que soubessem se sustentar sozinhas.

Muito tempo depois da primeira caminhada pelo Caminho da Fé, eu perguntaria a alguém: "O que faço para falar com meus filhos?". E, como resposta, essa pessoa diria: "Será que você os escuta?". Só que, naquela primeira caminhada, eu não escutava nem sequer as minhas necessidades, quanto mais as de meus filhos.

Percebi, no começo do primeiro dia, que não tinha planejado direito aquela jornada. Com falta de planejamento, pode-se pôr em risco uma empresa, eventualmente uma vida. Eu deveria ter posto de lado minhas expectativas irreais quando segui para a minha jornada pessoal, mas acreditava que conseguiria manter o ritmo ao qual tinha me proposto a andar. Tinha me municiado com uma espécie de óculos com um filtro e passara a crer no que queria.

> **Com falta de planejamento, pode-se pôr em risco uma empresa, eventualmente uma vida.**

No segundo dia, já medicado com relaxante muscular e analgésico, continuei a caminhada. Era um perigo: o remédio inibia a dor, e eu me arriscava a me machucar. De certa forma, eu me sentia derrotado. Ser humano era lidar com minhas limitações físicas.

Fiquei observando o meu ritmo: 4,7 quilômetros por hora. Entendi que cada um tinha seu ritmo. E eu precisava seguir adiante. Estava pagando uma promessa. Como não ia conseguir pagar? Meu filho estava vivo. Tinha onze anos de vida. E eu pensava na perda de meu pai quando eu tinha apenas quinze.

Eu nem sequer imaginava que os primeiros quatorze anos da vida do meu filho carregariam uma angústia. Como eu poderia supor? Tudo que eu sabia era que tinha perdido o pai cedo. Era um homem com uma lógica irredutível nesse aspecto. Eu não saberia educar meus filhos de outra maneira. "Vocês não sabem até quando terão seu pai", eu diria nos anos seguintes, quase em tom de ameaça, acreditando que fazia um discurso motivacional.

Mas eu não poderia supor, nos primeiros anos de vida do meu filho, que ele só respiraria aliviado quando ultrapassasse a barreira dos quinze. Em sua mente, perderia o pai, como em uma maldição. Eu não tinha como presumir que ele não ouvia o que saía da minha boca da maneira que eu imaginava. Embora eu o dissesse com o intuito de fazê-lo valorizar que tinha um pai, ele entendia que eu ia morrer.

Exatamente o contrário daquilo que eu queria dizer.

O mais complicado é que a margem para corrigir as coisas é muito pequena, pois não está sob nosso controle a maneira como nossas falas são interpretadas.

Enquanto caminhava, eu me cobrava para pagar uma promessa, para ser um bom pai, para honrar o sacrifício que meu pai fizera para me educar. E me cobrava para parar de me cobrar.

A herança que meu pai tinha deixado ainda era uma marca muito forte dentro de mim. Dar o meu melhor em tudo não era uma característica minha, mas algo que tinha sido forjado por uma frase dita no leito de morte por um homem que não tinha desfrutado do melhor da própria vida. Por um homem que se sacrificara pelos filhos. Por um homem que deixara a herança de que comer uma cocada deliciosa era um prazer supérfluo. E quem pode ter prazer quando há filhos para criar? Aquilo parecia mais uma proibição.

Mas eu estava longe de entender isso.

CAPÍTULO 2

O caminho certo

— VOCÊ ESTÁ INDO NA DIREÇÃO ERRADA.
Ouvi aquela frase e fiquei paralisado. Esbocei um sorriso. Por dentro, era como se eu estivesse fervendo, literalmente com raiva. Por que ele interferia no meu caminho? Quem tinha perguntado a ele se eu estava no caminho certo?

Era a segunda vez que eu fazia o Caminho da Fé. Estava em um trecho próximo a Ouro Fino, Minas Gerais, e caminhava distraído, conversando comigo mesmo, quando fui abordado pelo rapaz.

— Você está indo na direção errada. Está caminhando na direção errada — ele repetiu.

Eu tinha certeza de que estava na direção certa. Estava convicto disso. Pensei em agradecer o homem pela preocupação, virar as costas e continuar caminhando, mas não quis parecer rude. "Vou ter que voltar para me certificar de ter seguido a seta amarela e continuar vindo pela mesma direção. Que perda de tempo", pensei.

Enquanto caminhava de volta, pensava comigo mesmo: "Que desperdício de tempo voltar". Eu sabia que estava na direção correta. Foi quando encontrei, em uma bifurcação, a seta amarela, apontando para a direção oposta à qual eu estava caminhando.

Precisei de alguns segundos para me recompor e dar-me conta de minha arrogância, presunção e falta de humildade para receber um *feedback* não solicitado.

Eu sempre soube que uma das maiores dificuldades do ser humano é ouvir o outro. Chegamos a um estado de certeza em que acreditamos estarmos sempre fazendo tudo do jeito correto, principalmente quando fazemos a mesma trajetória repetidas vezes.

Como resultado, desprezamos as opiniões dos outros, que muitas vezes são contrárias às nossas. Aquele sujeito era de uma fazenda local. Era óbvio que ele sabia o que estava dizendo. Porém, meu orgulho não permitia que eu admitisse o erro.

E, agora, a seta amarela estava ali, íntegra, mostrando que eu tinha tido dificuldade de ouvir um sinal precioso e de observar

> **Precisei de alguns segundos para me recompor e dar-me conta de minha arrogância, presunção e falta de humildade para receber um *feedback* não solicitado.**

algo que estava escancarado diante de mim. Fiquei olhando para aquela placa e me lembrei de todos os momentos em que tinha crescido como profissional. De quando o vento estava a meu favor e não havia o que fazer — só flutuar, colhendo o que havia de melhor. O tempo passava e eu entedia cada vez mais que, quando as coisas vão bem, ninguém surge para ser o porta-voz das más notícias.

Até que alguém, como o tal fazendeiro, interrompia o fluxo e dizia com coragem:

— Você está indo pelo caminho errado.

Um líder precisa entender que os sinais nem sempre são as setas amarelas escancaradas no caminho. Muitas vezes elas não estão ali, tampouco surgem quando você mais precisa de uma direção. Um líder precisa, sobretudo, de maturidade para detectar tais sinais e compreender que nem sempre ele está na rota correta, como acredita estar. Basta um passo errado em uma mudança de rota para que passemos a caminhar na direção errada por muito tempo.

Na posição de liderança, eu já vivi na pele casos difíceis, quando as notícias mais amargas não eram ditas por receio de frustrar o alto comando. O medo de achar que o caminho está errado é tamanho que muitos deixam o líder se perder de vez.

Por isso, quando percebi aquelas setas amarelas no caminho, primeiro no Caminho da Fé, depois no Caminho de Santiago, entendi que sempre precisamos buscar indicadores que sejam objetivos.

Além do sujeito da fazenda que me alertou quando eu estava fora do percurso, um dos sócios que tive, certa vez, deixou uma operação dizendo que estava tudo errado. Fiquei digerindo aquela informação, quase sem saber o que dizer.

> Um líder precisa entender que os sinais nem sempre são as setas amarelas escancaradas no caminho. Muitas vezes elas não estão ali, tampouco surgem quando você mais precisa de uma direção. Um líder precisa, sobretudo, de maturidade para detectar tais sinais e compreender que nem sempre ele está na rota correta, como acredita estar.

Como presidente da empresa na época, eu via apenas notícia boa chegando. O ônus é que as notícias ruins só chegavam depois. Era uma qualidade a ser desenvolvida: ouvir as pessoas com atenção, enxergar aquilo nos olhos delas. Dependendo da empresa e do projeto, um ajuste de rota pode levar muito tempo para ser realizado.

Naquele dia, consegui voltar e seguir pelo caminho certo. A única coisa que eu tinha que fazer era caminhar e prestar atenção às setas amarelas. E falhei. Se não fosse por aquele homem, eu perderia horas de caminhada, correndo o risco até de não encontrar um lugar para dormir naquela noite. Senti-me muito agradecido pela ajuda e fiquei refletindo sobre estar no caminho errado, mas ter tanta certeza de estar no caminho certo.

Quantas vezes não perdemos o prumo justamente quando estamos fazendo a mesma coisa durante muito tempo?

A cegueira coletiva, hoje, está em todos os lados. Somos produto de uma sociedade que não faz escolhas: simplesmente segue em frente sem questionar se está certa ou errada. Distraído e confiante, eu era o alvo perfeito para errar. Mas pode acontecer com qualquer um de nós, principalmente quando não temos a humildade de perceber que podemos estar equivocados.

> " Quantas vezes não perdemos o prumo justamente quando estamos fazendo a mesma coisa durante muito tempo? "

Quem quer errar? Um erro é uma espécie de atestado de que não fomos eficientes, de que não somos o que pensávamos que fôssemos. Só que o erro pode ser a manifestação da nossa humanidade. Humanidade essa que pode ser negada quando achamos que somos perfeitos, que somos super-humanos.

Quando vi a seta apontando para o outro lado, fiquei pensando em quantas vezes já tinha cometido aquele equívoco de falta de atenção.

Mas não seria a primeira seta amarela da minha vida.

Antes de fazer o Caminho da Fé pela primeira vez, eu tinha dúvidas sobre como seria me manter no trajeto correto sem usar o GPS, uma vez que não existia sinal de celular por ali.

> " Quem quer errar? Um erro é uma espécie de atestado de que não fomos eficientes, de que não somos o que pensávamos que fôssemos. Só que o erro pode ser a manifestação da nossa humanidade. "

Então fui apresentado às famosas setas amarelas — sinalização comum tanto no Caminho da Fé quanto no Caminho de Santiago —, que indicam para os peregrinos o sentido correto da caminhada.

O Caminho é um lugar de reflexão, e acontecimentos como esse ficam na cabeça por horas. Comecei automaticamente a fazer uma relação daquilo com a minha vida. Quantas vezes estive no caminho errado achando que estava no caminho certo? Como são as setas amarelas na nossa vida? Será que elas existem ou na caminhada da existência não temos nenhum indicador de que estamos no caminho correto? E, mesmo que haja esses indicadores, quem vai nos avisar quando, por distração, deixarmos de acompanhá-los na nossa caminhada?

Como a vida seria mais tranquila se tivéssemos setas amarelas nos mostrando que devemos escolher essa ou aquela alternativa diante de uma tomada de decisão! Ou, então, mostrando o melhor caminho que nos levará a um objetivo. Ou indicadores que nos mostrassem quando devemos dizer não.

Essa analogia está presente na minha mente até hoje, e eu percebo agora que temos muitas setas amarelas em nossas vidas — tão nítidas como as do Caminho. Essas setas se apresentam na forma da palavra de uma mãe ou do aviso de um amigo e estão presentes mesmo dentro de nossa mente, manifestando-se quando pensamos devidamente antes de agir, quando tomamos nossas decisões com a mente tranquila, avaliando as opções que enxergamos, quando damos vazão à nossa consciência, projetando para o futuro as consequências das nossas atitudes de hoje. Quantas vezes ignoramos essas setas amarelas! Não raro, elas se apresentam como as setas do Caminho, apontando para uma subida íngreme quando o que mais queremos é uma descida. Muitas vezes, o caminho correto é o mais difícil, por isso, somos atraídos pelos mais fáceis, que se mostram mais prazerosos — mas que acabam nos distanciando dos nossos objetivos.

Em minha experiência, no Caminho da Fé, as setas amarelas são mais imprescindíveis do que no Caminho de Santiago, devido ao menor número de pessoas que fazem a caminhada brasileira e à distância maior entre as cidades. Em muitas ocasiões, eu me vi sozinho, sem ter ninguém para seguir e com a sinalização servindo de meu único guia. É muito difícil descrever a relação que o peregrino tem com as setas amarelas. Elas não mostram apenas qual é o sentido que você tem que seguir quando se defronta com uma bifurcação, mas também asseguram que você está no caminho correto.

A principal seta amarela, porém, surgiu quando eu menos esperava por ela.

Era uma tarde qualquer e eu cheguei para jantar em um albergue. A esposa de um colega estava preparando o jantar para ele. Como ela estava com o joelho machucado, fazia o percurso de táxi e o aguardava nas paradas.

Comecei a desabafar sobre a minha vida e pensei nos meus filhos. Realmente eu sentia falta deles. E, pela primeira vez, verbalizei algo que ainda não tinha dito em voz alta.

— Como posso conversar mais com meus filhos?

Eu tinha sido um pai modelado pelo meu pai, Seu Lino, que pouco falava com os filhos, e às vezes me via exercendo o mesmo tipo de paternidade.

> **A principal seta amarela, porém, surgiu quando eu menos esperava por ela.**

Distante da situação, conseguia analisar e saber o que não estava legal. Era curioso, porque, no trabalho, eu era um sujeito calmo e paciente. Em casa, nem tanto.

Contei a ela que, certa vez, meus dois filhos tinham ido fazer um estágio comigo no escritório e ficaram em choque com o que viram: o pai era completamente diferente com os colaboradores. Doce, gentil e paciente. Diferente do homem irritado e enérgico que viam em casa. Desses papéis que exercia, um estava em contradição com a minha essência. Bastava saber qual.

Foi quando, durante a conversa, aquela mulher matou a charada:

— Será que você consegue escutá-los?

Fiquei alguns segundos pensando na minha reação ao quase persistir no erro e continuar caminhando quando o fazendeiro disse que eu estava no caminho errado. Relembrei cenas com os meninos. Revi a minha própria trajetória. Eu pouco escutava as pessoas. Ouvia-as, mas as interrompia, pensava no que ia responder, queria adivinhar o que diriam, completava suas frases. Não estava presente na escuta. Não prestava atenção ao que diziam, portanto, não escutava. Ela estava certa. Mesmo não havendo hierarquia de comunicação no trabalho, escutar não era o meu forte. Eu tinha uma certa surdez seletiva.

Aquela seta amarela que ela destacou em uma mesa de albergue fez com que eu recalculasse a rota de uma vida. E desencadearia uma

> **Mesmo não havendo hierarquia de comunicação no trabalho, escutar não era o meu forte. Eu tinha uma certa surdez seletiva.**

série de mudanças. Saí de lá pensativo. Mas eu estava no caminho certo, e isso era o bastante. Não estava navegando às cegas. No trabalho, eu tinha os identificadores de performance que me mostravam a importância do planejamento, as vendas, os lucros, as variáveis.

E sabia também dos alertas vermelhos. Do quanto eu precisava estar disposto a me cercar de pessoas diferentes com faixas etárias e demografias distintas para gerar debates saudáveis, pontos de vista distintos.

Em alguns momentos, somos levados a ter a presunção de achar que temos certeza de tudo. Principalmente quando acreditamos que sabemos mais do que os outros sobre o caminho que estamos percorrendo. Poucos têm a humildade de aceitar que o outro diga que aquele caminho pode estar errado.

Por isso, sempre que possível, devemos buscar as setas amarelas e refletir sobre o que estamos fazendo da nossa vida — e como. Observar, de fato. Mesmo que tais setas não estejam escancaradas diante de nós.

Temos de buscar a humildade e perceber que nem sempre sabemos de tudo, que ouvir é mais precioso do que falar e que recalcular a rota pode ser uma tremenda vantagem — melhor do que caminhar muito tempo para a direção errada, sem nos certificar de que é por ali que se deve ir.

Assuma seus erros. Comemore seus acertos. Reveja sua rota.

As setas amarelas nem sempre estarão no seu caminho, mas quem sabe você pode deixá-las para guiar o caminho dos demais.

CAPÍTULO 3

Líder de si mesmo

MEU PAI DESDE SEMPRE ME CHAMAVA DE "CAPITÃO".
Não sei o que ele esperava que eu fosse, mas a verdade
é que, de certa forma, eu seguia essa instrução interna.
Na minha mente, meu pai estava afirmando que eu era um líder.

Será que eu era capaz de liderar?

Hoje sabemos que a principal capacidade de um líder
não é liderar uma equipe, e sim a si mesmo. E o maior aprendizado que tive foi justamente no Caminho de Santiago, onde
aprendi que liderar a si mesmo é saber direcionar a mente para
que ela não vague sem rumo. É saber lidar com a ética dentro e
fora de nós mesmos. É entender que sentimos preguiça, raiva
e cansaço, independentemente de termos ou não a quem liderar.

Quando assumimos uma posição de liderança, somos
todos "capitães".

Eu reconheço que essa caminhada rumo ao autoconhecimento não é linear. Quantas vezes não somos o que
as pessoas simplesmente esperam que sejamos? Assumimos
o papel de personagens e deixamos que o ambiente dite as
regras. No entanto, se o ambiente dita as regras, que autonomia teremos?

O capitão da sua vida é você. Sempre devemos nos perguntar quem está capitaneando a nossa vida.

É tão massacrante o que esperam de nós que acabamos fazendo *tudo o que esperam de nós*. E, se ousarmos atender às expectativas de todas as pessoas de nossas vidas, corremos um grande risco: o risco de nos perder.

E nos perdemos o tempo todo. Não sabemos para onde estamos indo simplesmente porque nos deixamos levar por tudo o que nos circunda em vez de perguntar o que queríamos.

Meu pai depositava muita expectativa sobre mim. Talvez por isso eu tenha sido tão rigoroso comigo mesmo em muitos aspectos quando me senti responsável pela minha própria pele.

Já vi pessoas na caminhada que se questionavam quem eram de verdade, isto é, sem as máscaras que a sociedade impunha a elas, sem a culpa pelo passado, sem as expectativas em relação ao futuro, sem os rótulos ditados pela sociedade.

Caminhar sozinho, sem carregar tudo isso, é curativo, mas pode ser dolorido.

Lidamos constantemente com nossos inimigos internos durante a caminhada. Não falo apenas dos problemas físicos. Nosso passado pode se transformar no nosso maior inimigo.

O passado impõe seu peso, e poucos de nós são capazes de lidar com o fardo. A mente vaga na caminhada. Visitamos situações

> **Nosso passado pode se transformar no nosso maior inimigo.**

impensáveis. Mas a minha postura, o meu entendimento e o meu acolhimento próprio me ajudam a entender aonde quero chegar. Trata-se da busca *de ser o que se é, e não ser o que se pensa que é.*

Hoje percebo que já sei o que sou, ou pelo menos já tenho essa percepção mais clara. Uma percepção clara do meu "eu" no mundo. Tenho uma ideia mais nítida do meu tamanho e fui me localizando ao longo da vida.

Mas acredito que você pode se enganar de diversas formas. Com uma autoestima elevada, por exemplo, você acaba se perdendo em vez de se encontrar, pois pode acreditar que é melhor ou mais inteligente do que os outros. Essa ficha caiu quando entendi que conseguia caminhar apenas alguns quilômetros por dia, e não quantos quilômetros eu acreditava que seria capaz.

É comum desafiarmos nossa capacidade e acreditarmos nesse super-heroísmo autoimposto ditado pela sociedade. Principalmente em lugares de liderança. O líder que segue adiante, conduz exércitos e nunca erra está sempre um passo à frente. Essa é a figura quase mítica de um líder.

O líder de verdade sabe do seu tamanho. Sabe o quanto pode caminhar. Sabe o que consegue e o que não consegue fazer.

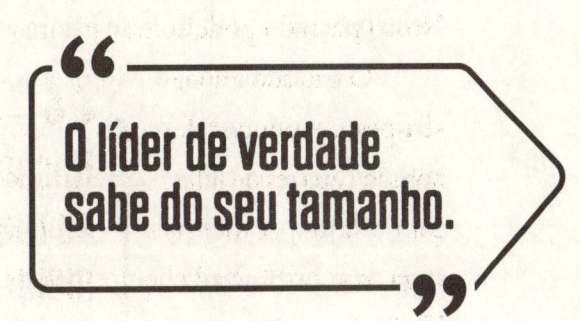

O líder de verdade sabe do seu tamanho.

Em contrapartida, quando nos colocamos no trajeto, dispostos a ser quem realmente somos, corajosamente fazemos coisas que talvez nunca tenhamos imaginado. Paramos de alimentar circunstâncias infelizes e ganhamos autonomia para tomar iniciativas que trazem novos rumos para nossas vidas.

É muito comum vermos líderes vivendo circunstâncias infelizes em prol de uma vida segura e conformada. Como se aquele chão que se estende diante dos pés do ser humano fosse trazer qualquer segurança.

Na caminhada, lutamos contra nós mesmos. E, para isso, temos que ser verdadeiros com a nossa própria essência. Para que isso seja possível, devemos fazer exercícios diários, como, por exemplo, checar os sentimentos que temos em relação a tudo.

"O que estou sentindo?" — essa deveria ser a pergunta diária que fazemos a nós mesmos. Às vezes, sentimo-nos chateados por fazer um serviço desgastante, e isso, em conjunto com outros fatores, pode nos levar à angústia e à depressão. A partir do momento que identificamos o sentimento, podemos, eventualmente, aceitá-lo. Se há uma decisão de negócio a ser feita e sentimos um pouco de culpa por causa dela, precisamos definir se estamos ouvindo a nós mesmos.

Na caminhada, ouvimos a todo momento. E, no dia a dia, o máximo que fazemos é ouvir nossas emoções quando nos deitamos na cama. Lá, refletimos acerca dessa voz interna.

A preparação para a caminhada é algo fantástico, porque, de repente, percebemos pessoas se encontrando consigo mesmas pela primeira vez. E é lindo perceber isso. Notar que somos processos que se modificam a cada dia, a cada semana.

Se eu não sou o mesmo que era ano passado, a partir daquele momento, eu compreendo quem sou. E, quando estou ali no mesmo ponto com a mochila nas costas e caminhando, os julgamentos caem por terra. As conversas são pausadas e tranquilas. Os silêncios são respeitados. Respeitam-se as decisões de cada pessoa.

Respeita-se a si mesmo.

Certa vez, assisti a um filme cujo enredo tocou minha alma. O protagonista estava pronto para morrer e arrumaram um clone de seu corpo para ficar no lugar dele. Ele sabia que ia partir, mas aquele clone assumiria todas as suas funções. Portanto, nos últimos dias de sua vida, o protagonista literalmente transmitia tudo para que seu substituto assumisse o seu lugar.

Durante esse processo, ele, na verdade, avaliava se a sua vida tinha sido bem vivida. Se o seu roteiro tinha sido bem escrito. E isso me fez refletir na época, porque, como pai e gestor de empresas, eu passei a me perguntar: "Se eu passasse para meu clone tudo o que vivi, o que ele receberia como herança?".

Nem sempre pensamos nisso.

Na verdade, quase nunca. Vivemos no modo automático, não paramos para refletir a respeito das nossas ações. Enquanto o homem explicava para o clone como se portar com a esposa, ligar o carro, qual era a senha do cofre, eu avaliava a vida que vinha levando.

Se a sua vida está adequada, com ações, pensamentos e sentimentos que se alinham, e você pensa, age e sente de acordo com aquilo que quer para si, a herança é uma bênção. Caso contrário, pode se tornar uma maldição. Você pode deixar para o seu clone uma vida tranquila ou olhar para ele e pensar: "Cara, você está ferrado".

Se você é o tipo de pessoa que trabalha doze horas por dia, não vê a família, está com a saúde em estado crítico por falta de cuidados e não se lembra da última conversa que teve com seus filhos, eu aviso: "Sempre é tempo de rever seus hábitos". No leito de morte, é sempre tarde demais para lamentar.

Ao refletir sobre o filme a que tinha assistido, ao pensar na trajetória do protagonista passando sua vivência para o clone, observei a figura de pai, observei a figura de gestor. Observei a imagem que ficava ali dentro.

Já há um pai e uma mãe dentro da nossa cabeça nos dizendo uma série de coisas. Ao longo de nossas vidas, introjetamos figuras de autoridade, questões religiosas, morais e culturais. Tudo isso se transforma em uma voz que persevera conosco por toda a vida, interagindo com nossa mente e influenciando nossas decisões.

Se você dormiu até mais tarde, há uma voz na sua cabeça dizendo: "Levanta, vai fazer alguma coisa". Essa voz não se cala. Esta é a principal cobrança — a que está dentro da nossa cabeça.

Ser um líder é saber distinguir qual voz estamos escutando, aquela que repreende e que quer ditar suas regras ou a própria voz, aquela que representa sua essência verdadeira e que poderá guiá-lo a caminho da liberdade. Ser líder de si mesmo é ser livre. Livres para pensar como queremos, podemos inspirar outras vidas. O "capitão" que meu pai enxergava só hoje é capaz de ter a dimensão de seu tamanho.

Nem gigante, nem criança. Apenas um homem que ouve a própria voz.

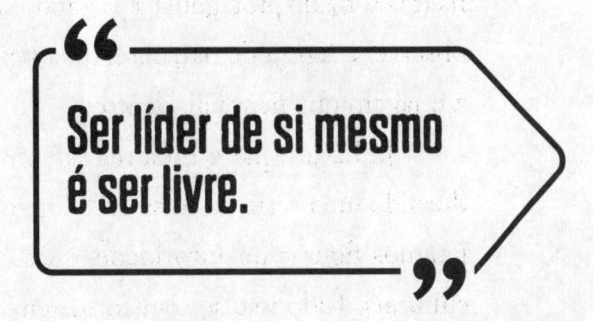

Ser líder de si mesmo é ser livre.

CAPÍTULO 4

Caminhar é preciso

SABEMOS QUE, DURANTE UMA ATIVIDADE FÍSICA, o corpo naturalmente produz mais serotonina e endorfina, dois neurotransmissores que estão diretamente ligados à sensação de bem-estar e auxiliam no combate ao estresse e à ansiedade. Com isso, trazem a chamada "estabilização afetiva", que melhora o raciocínio e a memória de qualquer indivíduo.

Na prática, ao longo da minha caminhada pelo Caminho de Santiago, os benefícios físicos foram ainda mais expressivos, mas percebi que um bom líder sempre precisa exercer o autocuidado. Caso contrário, ele corajosamente leva uma empresa para o buraco.

O fato de ter um tempo para nós mesmos conta muito em nossa vida. O dia a dia atribulado não permite que tenhamos tempo de qualidade e acabamos vivendo em desequilíbrio. Caminhar não ajuda apenas na organização dos pensamentos. Lembra quando sua avó dizia: "Vai esfriar a cabeça, meu filho"? Ela tinha razão.

Eu sempre tive a tendência de falar muito mais do que escutar. Muitas vezes, em uma conversa, eu deixava de escutar a outra pessoa, pois estava pensando no que falaria em seguida.

Ao caminhar sozinho, eu me encontrei comigo mesmo. Quando temos a possibilidade de fazer tal coisa, é uma surpresa. A gente não sabe o que vai acontecer. Para uns, pode ser traiçoeiro, já que fugiram de si mesmos a vida toda; para outros, é uma grande redescoberta.

Quando fazemos terapia, é a mesma coisa. Você fala e ouve a si mesmo. Caminhando, podemos escutar essa voz interior. Mas é preciso diferenciar a voz interior que nos ajuda a refletir daquela que é fruto da introjeção de figuras paternas, ou de Deus, ou de preconceitos. Na terapia, você se encontra porque está aberto. Na caminhada, também.

No dia a dia, a vida é corrida e estamos condicionados a manter pensamentos intrusivos. Quando paramos, geralmente estamos exaustos e vamos para a cama. Por isso, muitos mal conseguem experimentar uma noite de sono tranquila. A vida se torna exigente, e a pessoa não se dá conta de quantas coisas viveu ao longo do dia — muitas das quais envolvendo decisões rápidas.

Dizem os psiquiatras que nosso cérebro se recupera com terapia, sono e atividade física. Os benefícios são inúmeros. Meu testemunho: funciona.

Um líder que deseja gerir uma equipe precisa saber cuidar de si mesmo. Desenvolver-se. E, quando digo isso, não me refiro a fazer cursos

> **Dizem os psiquiatras que nosso cérebro se recupera com terapia, sono e atividade física. Os benefícios são inúmeros. Meu testemunho: funciona.**

ou capacitar-se. A famigerada premissa "trabalhe enquanto os outros dormem" é enganosa. Um corpo sadio precisa de sono, movimento e saúde. São necessidades fisiológicas que não podem ser desprezadas.

Além disso, a questão de produtividade não está relacionada ao número de horas trabalhadas. Quem relaciona uma coisa à outra está contribuindo para acabar com a saúde mental do ser humano. As pessoas não se permitem descansar em um feriado. Esse culto à produtividade assemelha-se ao propósito daquela pessoa que vai para uma caminhada só para andar mais rápido que os outros, sem apreciar a jornada.

> **" A famigerada premissa "trabalhe enquanto os outros dormem" é enganosa. "**

Costumo dizer que muitas pessoas que conheço ainda se cobram no descanso. O famoso descanso culposo. Seja na empresa, seja na vida, seja em uma jornada pelo Caminho de Santiago, há aqueles que não sabem descansar e ficam desesperados por horas que consideram "perdidas". Isso está no inconsciente. Você já é punido no pensamento – antes que qualquer pessoa note que você está deitado ou ocioso.

Temos que ouvir esse superego, e ouvi-lo significa observar com atenção para não se deixar levar por suas imposições. Sabe quando temos introjetada a figura de um chefe austero, que passou em nossa vida e essa imagem continua ali, atrapalhando-nos na nossa relação com outros chefes, que não têm nada a ver com aquele primeiro? Na nossa cabeça, o antigo está ali, na iminência de voltar.

Por isso, é imprescindível exercemos o autoconhecimento. Eu me apaixonei pela minha sombra aos sete anos. Reconheci anos depois um aspecto narcisista sempre à espreita. Em jantares, quando me dou conta, estou falando de mim depois de uma pergunta gentil. Por causa desses traços da minha personalidade, eu busco me conhecer cada vez mais — e melhor.

Assim, quando comunico que vou fazer o Caminho de Santiago, não penso em fracasso. Eu não sei lidar com o fracasso. Seria uma característica que faz de mim alguém mais humano? A verdade é que conhecer as nossas fraquezas nos torna pessoas mais fortes. Em 1996, eu corri uma maratona sem nunca ter treinado na vida. Movido pelo pensamento de "ter que terminar" embutido na minha mente, aquela experiência fez com que eu parasse no hospital. Apenas porque eu disse que ia correr e não admiti fracassar.

Hoje, vejo que tinha uma espécie de teimosia, e essa teimosia às vezes me ajudou e em outras me atrapalhou. Nessa época da maratona, parti da arrogância de achar que era capaz de fazer uma coisa simplesmente por achar que podia. Vi uma propaganda na televisão e achei que poderia fazer. Era autoestima em excesso, que não me levava ao equilíbrio. Existe a baixa autoestima e a autoestima demasiadamente elevada, que é a perda da noção da realidade.

> Eu não sei lidar com o fracasso. Seria uma característica que faz de mim alguém mais humano? A verdade é que conhecer as nossas fraquezas nos torna pessoas mais fortes. Em 1996, eu corri uma maratona sem nunca ter treinado na vida. Movido pelo pensamento de "ter que terminar" embutido na minha mente, aquela experiência fez com que eu parasse no hospital. Apenas porque eu disse que ia correr e não admiti fracassar.

As pessoas que tinham alguma noção disseram que eu estava maluco. Senti-me provocado. "Como assim, não vou conseguir?" E aí entra uma espécie de cegueira. Eu não estou mais enxergando quando isso acontece. Nos negócios, a mesma situação acontece quando nutrimos um otimismo exagerado sem saber do que estamos falando. É como uma pessoa que decide fazer algo que nunca fez e apostar alto nisso. Uma desconexão total da realidade. Há aquele ditado: "Não sabia que era impossível, foi lá e fez". Nesse caso, o ditado me fez parar no hospital. Corri 22 quilômetros e fiz os últimos vinte caminhando. Logo, a exaustão física foi tremenda. Chegou a inflamar o céu da boca. Eu não conseguia andar. Os músculos se contraíram de tal forma que eu não conseguia fazer mais nada.

No ano seguinte, treinei e tentei mais uma vez. E, depois, tentei mais outra vez. Era uma teimosia de fazer sem treinar e depois treinar. A teimosia, na verdade, era uma

> **Há aquele ditado: "Não sabia que era impossível, foi lá e fez". Nesse caso, o ditado me fez parar no hospital.**

busca pela autoafirmação, pelo reconhecimento. Muitos líderes se desconectam da realidade e fazem exatamente a mesma coisa.

É muito difícil abrir uma empresa e experimentar o sucesso do dia para a noite. É necessário seguir aos poucos. Oferecer o produto ou serviço ao mercado, começar a faturar e, então, traçar os objetivos e definir os próximos passos, compatíveis com a realidade vivenciada nesse início.

Da mesma forma, não é provável que o primeiro livro que eu escreva se torne um *best-seller*. Pode acontecer ou não. E não adianta nos enganarmos, achando que todos os resultados sempre serão positivos, porque isso leva o ser humano à intensa frustração.

Mas, em alguns momentos, a teimosia me ajudou, como no Caminho da Fé. Admiti que promessa era promessa e que eu não poderia parar.

No entanto, sem controle, a teimosia e o narcisismo são muito perigosos. Sua presença pode nos emprestar um ar de pretensa superioridade que nos faz perder o propósito de vista. Ao mesmo tempo, precisamos entender que não devemos ser o que as pessoas esperam que sejamos, e sim aquilo que verdadeiramente somos. Caminhar é um processo. Viver, também.

Por isso, todo executivo deveria fazer uma caminhada — ou uma terapia — e cuidar da mente, pois quem exerce uma função de liderança e não cuida de sua saúde mental pode acabar destruindo a saúde mental dos que estão à sua volta.

Se falo sobre auto-observação e cuidado com a saúde mental, tenho que falar sobre o ganho que ocorre com a percepção das coisas, de poder, nos próximos anos, tornar-me uma pessoa melhor. Ser melhor é ganhar objetividade e entender a relevância do que dizemos.

> " Quem exerce uma função de liderança e não cuida de sua saúde mental pode acabar destruindo a saúde mental dos que estão à sua volta. "

Muitos líderes são egocêntricos e não aceitam que precisam de férias, de exercícios, de terapia. E isso acontece por causa da arrogância. Negação e sublimação são mecanismos de defesa do ser humano. E, se a pessoa que não cuida da própria saúde mental pode acabar com a saúde mental dos outros, precisamos entender que líderes são exemplos em uma organização.

Ser pai, todavia, é outra coisa. São muito diferentes as experiências de ser pai e de ser chefe. O pai tem que educar; o chefe, não. O líder deve liderar e saber comunicar à equipe o que se espera de cada um dos seus integrantes. Há também o aspecto social do trabalho, a necessidade de se observar a individualidade de uma pessoa ao integrá-la a uma equipe. A empresa não é uma instituição de caridade, mas ela tem uma responsabilidade social muito grande e deve zelar pela saúde emocional dos funcionários. Precisa ser um ambiente seguro.

Embora a empresa não tenha a obrigação de sacrificar seus resultados para acolher seus funcionários, ela tem que garantir que os empregados mantenham sua integridade física e mental, pois as pessoas criam sua identidade no trabalho, e o trabalho exerce papel fundamental na vida do indivíduo.

A questão da liderança é um exemplo recorrente, e o executivo deve zelar pelo clima organizacional da empresa. Simples assim.

Outro dia, fui abordado por um menino em um restaurante que tem uma agência digital na Inglaterra. Ele interrompeu o almoço para dizer que, quando trabalhou comigo, teve o exemplo mais bacana de sua vida. Esse garoto trabalhou comigo com edição de vídeo e disse, de uma forma genuína, que tinha sido a melhor empresa em que tinha trabalhado. Havia nela um clima organizacional excelente. Todos se engajavam em criar um ambiente saudável.

O clima organizacional tem uma ligação direta com os sócios. Quem acaba pautando o clima organizacional é o líder. Se o líder não é equilibrado, já era.

Na maioria das vezes, porém, o líder vive em uma bolha. Em vez de procurar saber o que acontece dentro da empresa, ele não está aberto a todos os tipos de situação. Ele não entende que não é o rei da Suécia e que deve se inserir no contexto da empresa.

Caminhar é preciso. Inclusive, dentro da própria empresa.

CAPÍTULO 5

Dividindo as metas

O OBJETIVO DA MAIORIA DAS PESSOAS QUE PRETENDEM fazer o Caminho Francês é percorrer os oitocentos quilômetros que separam Saint-Jean de Santiago. Não dá para caminhar essa distância toda de uma vez só, então, cada pessoa divide os oitocentos quilômetros em metas diárias de caminhada.

No meu caso, eu me programei para caminhar mais ou menos trinta quilômetros por dia. Dividir a meta principal em metas diárias faz com que o Caminho se torne viável, e a cada dia a alegria de cumprir o objetivo traçado é muito grande. Ao chegar a cada destino, você se acostumará a receber as melhores recompensas que um peregrino pode receber depois de uma longa caminhada: um banho quente, uma ótima refeição e uma cama confortável. Essas três coisas fazem milagres. E, diante disso, temos que celebrar.

Todo mundo se recorda de como as crianças aprendem a andar. Ocorre mediante uma espécie de reforço positivo. Todos aplaudem, a criança cai, mas tenta mais uma vez. Assim, cada conquista gera uma celebração, e isso acaba reforçando na criança a ideia de que caminhar é bom. Essa relação de contingência formada pelo ato de tentar caminhar, cair e receber um incentivo leva a criança a repetir as tentativas até conseguir.

O ser humano convive com essas celebrações de pequenas conquistas. São rituais que marcam nossa existência. Você termina o ensino médio e vem o baile de formatura. Na faculdade, depois das provas, você é premiado com a semana do saco cheio. No casamento você celebra um sacramento. Os rituais permeiam a nossa vida de todas as maneiras. Dentro de uma empresa, não é diferente.

Eu me recordo das gestões nas quais estive envolvido. Preciso minimamente de um cronograma e uma análise para verificar se tudo está dentro do que foi planejado e criar marcadores. Esses marcadores são excelentes para renovar a fé nos projetos.

Enquanto escrevia este livro, celebrava cada capítulo finalizado. São passos que nos levam ao final do caminho. Dentro de uma organização, o gestor

> **" Esses marcadores são excelentes para renovar a fé nos projetos. "**

tem muito medo de comemorar as coisas, de recompensar os colaboradores e temer que isso vire regra.

Há também o tipo de gestor que prefere tirar o suor dos funcionários. Dá broncas no colaborador quando as coisas dão errado e não celebra quando dão certo. São pessoas que não se dão ao luxo de celebrar o que conquistaram. Em uma equipe, uma atitude contrária a essa (e mais positiva) seria organizar uma confraternização para celebrar que todos conseguiram validar determinada etapa do projeto, em vez de deixar para comemorar só no final.

É preciso planejamento para entender o projeto como um todo e os seus marcadores. Caso contrário, ou comemoram-se conquistas pequenas demais ou não se comemora nada.

No Caminho, isso ficou nítido para mim, porque são oitocentos quilômetros ao todo e eu caminhava trinta por dia. Lembro-me de uma ocasião em que acordei, por volta das cinco e meia da manhã, em Roncesvalles. Naquele dia, seguiria para Larrassoaña, próxima etapa da caminhada, e tinha 26 quilômetros pela frente. A surpresa foi abrir a porta do albergue e me deparar com uma paisagem bem diferente da que havia no dia anterior. Nevara a noite inteira e o caminho estava todo pintado de branco.

Eu tinha selecionado o mês de abril para fazer a caminhada, na expectativa de que não enfrentaria condições climáticas adversas, especialmente o frio do inverno espanhol. Não foi o que aconteceu. Nesse e em outros trechos posteriores, enfrentei a neve, que, de todo modo, proporcionou que eu tirasse várias fotos interessantes. Mas, se eu não estivesse usando botas impermeáveis, a história teria sido diferente.

Mesmo tendo sido algo que eu não havia planejado, o enfrentamento das condições climáticas adversas foi um evento celebrado. O trecho entre Roncesvalles e Larrassoaña é muito tranquilo, pois são praticamente 26 quilômetros de descida. Entretanto, ele é longo, e eu cheguei bem cansado ao meu destino.

Por mais que eu tente, jamais conseguirei descrever a alegria que é finalizar o trajeto diário. Esse é o dia a dia do Caminho, uma vontade grande de sair andando pela manhã e uma alegria imensa ao chegar no destino do dia, independentemente de faltar muito para atingir o objetivo.

Talvez essa seja uma das grandes descobertas que eu fiz: o quanto é importante dividir um objetivo maior em pequenas etapas. Meu pensamento durante os quase trinta dias que passei no Caminho era terminar o trajeto que havia planejado para o dia que eu estava vivendo. Quantos quilômetros me separavam de Santiago nunca foi uma obsessão. O que realmente me ajudou a acordar cedo, superar as dores e continuar caminhando foram as recompensas diárias que eu recebia ao chegar a meu destino: a ducha quente para me recompor da caminhada, o delicioso prato de comida e a cama pronta para o descanso. É difícil imaginar como coisas tão simples podem ser tão valiosas.

O caminho até Larrassoaña foi feito em grande parte com o chão coberto de neve — que, ao derreter, faz com que a terra se transforme em lama (dá para ter uma ideia de como estavam minhas botas e calças ao chegar). A fome também era muito grande, pois havia comido só um pequeno lanche no caminho.

A maioria dos albergues do Caminho oferece um farto jantar comunitário, mas o lugar onde eu me hospedei em Larrassoaña era uma exceção. Depois de uma ducha revigorante, saí para procurar algo para comer, e o único bar da cidade só servia lanches. Acabei parando em um minimercado, cujo proprietário, provavelmente por ver a minha cara de fome e cansaço, preparou uma refeição composta de uma bela salada de alface, tomate, azeitonas e atum e um ravioli de micro-ondas finalizado com bastante queijo ralado. Só faltava a cama para completar as recompensas do dia.

Trabalhei com gestão de negócios por mais de vinte anos e estive à frente de inúmeros projetos, alguns com mais de quinhentas pessoas envolvidas. Sempre fui acostumado a tentar motivar a equipe mostrando o cenário maravilhoso que teríamos quando o projeto como um todo fosse finalizado. No Caminho, percebi que falar sobre o projeto pronto pode ser desestimulante, principalmente quando se está no começo da jornada. Imagine comemorar os primeiros trinta quilômetros com alguém, dizendo que só faltam 770 para completar o Caminho!

Obviamente, existe um plano muito bem construído e um caminho para se chegar a Santiago. Na gestão de projetos ou na busca de objetivos na nossa vida, também é claro que precisamos desse plano factível, mas isso não significa que devemos esperar sua completude para comemorar. Pelo contrário, precisamos dividir os nossos objetivos de vida em pequenas etapas e celebrar ao alcançá-las, de modo que cada trecho desse longo caminho seja vivido e apreciado.

O dia é sempre um bom marcador. Mas, para o empresário, o dia nem sempre é de fato uma conquista. No Caminho, andar trinta quilômetros é uma conquista.

> **" Precisamos dividir os nossos objetivos de vida em pequenas etapas e celebrar ao alcançá-las, de modo que cada trecho desse longo caminho seja vivido e apreciado. "**

Não voltarei mais do início, então posso avaliar como uma conquista. Porém, dentro de uma empresa, ao se trabalhar meta de faturamento, é mais complicado.

Na definição de marcadores, a empresa pode observar o que deve ser feito. Se estamos falando de um produto, podemos comemorar a finalização do planejamento de produção, comemorar quando a primeira unidade sai da linha de manufatura, comemorar as primeiras mil unidades vendidas, comemorar o primeiro ano de vendas. Fica fácil observar a importância de comemorar esses eventos.

Comemorar quando uma pessoa completa um ou mais anos trabalhando em uma empresa é importante. Por qual motivo? Porque trabalhamos em busca do reconhecimento. Um trabalho sem reconhecimento se torna vazio. Esse reconhecimento pode ser efetivado mediante uma simples plaquinha ou um aumento de salário, se isso for possível. Mas tal conduta deve estar alinhada com a liderança. Se o líder maltrata os colaboradores, de nada adianta uma plaquinha comemorativa no fim do mês.

Tudo acontece por causa da humanização do chefe e da sua postura humana. Se falarmos em teletrabalho, está cada vez mais fácil as pessoas mudarem de emprego, então precisamos de algo que as faça "querer ficar" naquela empresa.

Quando eu trabalhava com revistas, engatilhava uma na outra. A definição de metas é uma tarefa ingrata, pois, se definimos uma meta sem pensar nas contrapartidas, aquilo não surte o efeito que poderia surtir. Imagine uma empresa que define uma meta de faturamento de um milhão por mês.

“ Comemorar quando uma pessoa completa um ou mais anos trabalhando em uma empresa é importante. Por qual motivo? Porque trabalhamos em busca do reconhecimento. Um trabalho sem reconhecimento se torna vazio. Esse reconhecimento pode ser efetivado mediante uma simples plaquinha ou um aumento de salário, se isso for possível. ”

Se o sujeito fatura um milhão e meio, ele usa os números a seu favor e deixa para faturar os quinhentos mil no mês seguinte. Por isso, é preciso desenhar bem as metas.

Se a empresa é uma editora, o livro que entrou na lista dos mais vendidos deve ser comemorado com rituais que positivem a experiência e criem um clima organizacional que deixe as pessoas mais à vontade.

As relações humanas nem sempre são fáceis, e nem todo líder consegue trazer essa característica para a empresa, pois, em nossa cultura, temos uma visão de que o líder tem que manter certa distância de seus liderados. E eu acredito que até na gestão da paternidade é interessante celebrar o dia a dia. Infelizmente, como a criação do meu pai ficou muito marcada, só tive essa percepção no Caminho de Santiago.

Depois disso, ficou claro que, se eu estivesse desenhando projetos, precisaria definir pontos de passagem e trabalhar de meta em meta. Se eu não me transformasse, ia ser difícil fazer o Caminho. A recompensa depois da sua pequena meta é o que faz com que sua monotonia acabe. Mas as coisas acabam passando batidas. Esses registros positivos da jornada são muito importantes, porque as pessoas se sentem reconhecidas.

Muitas pessoas buscam metas incansavelmente, e isso se torna cansativo. Elas não vivem o trabalho nem celebram a jornada,

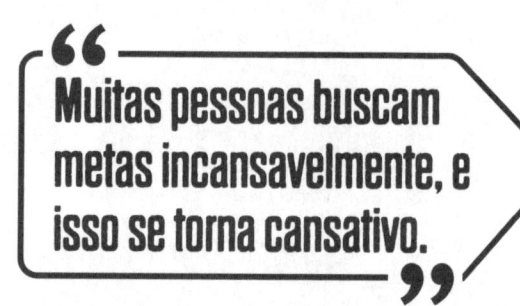

> **Muitas pessoas buscam metas incansavelmente, e isso se torna cansativo.**

focam apenas no ponto final. A celebração das pequenas metas é o equivalente a apreciar a jornada.

Alguns empresários e gestores estabelecem metas altíssimas e depois experimentam um vazio insustentável, porque não conseguem comemorar o que foi feito.

O problema é que muita gente direciona as metas apenas para o que é material. Os objetivos materiais podem deixar a pessoa cada vez mais viciada em conseguir algo. Quando se trata de objetivos sociais, a coisa muda de figura.

Adicionalmente, é preciso verificar se estamos devolvendo para a sociedade aquilo que recebemos. Fazer isso é uma espécie de comemoração. Temos de observar as metas que estabelecemos diariamente. Mas não depende só da gente. Exibir algo por narcisismo — como eu queria fazer na maratona de 1996 — é uma grande cilada, porque, com isso, comemora-se apenas a finalização da maratona. E existe uma diferença brutal entre maratona e caminhada.

Nossa jornada é o dia a dia, não o destino. É importante que isso esteja claro em uma empresa, sem discursos generalizantes que deixem os funcionários em um papel de "ingratos".

A pergunta é: será que oferecemos benefícios e um local interessante para se trabalhar? Ou estamos sempre focando no objetivo?

CAPÍTULO 6

Quando devemos caminhar juntos?

Uma das coisas mais bonitas do Caminho de Santiago é que, embora cada ser humano que faz aquele percurso esteja sozinho, está também cercado de gente. Mais interessante ainda é que essas pessoas trazem seus universos particulares consigo e todas elas estão indo para o mesmo lugar — embora nem todas busquem a mesma coisa.

Na vida, nos negócios e nos relacionamentos, também é assim. Estamos todos caminhando para o mesmo destino, a morte — o fim da vida, a linha de chegada —, mas cada um de nós busca algo. Um propósito, uma realização ou simplesmente a resposta para a vida em si mesma.

Quem completa o Caminho de Santiago recebe um certificado que se chama "compostelana". Nele consta a distância percorrida por aquela pessoa. Para se ter direito à compostelana, é necessário andar pelo menos cem quilômetros, por isso, muitas pessoas começam a caminhada em Sárria, que fica a essa distância de Santiago. Isso faz com que a experiência da caminhada a partir dessa parada seja bem diferente.

São muitas excursões, que levam pessoas em outro ritmo. Um ritmo mais barulhento, de quem está em busca do certificado, e não do Caminho. Quem busca o Caminho não procura diminuir o tempo de caminhada nem anseia que ele termine logo. Quem entra de cabeça na experiência usufrui de cada momento que ela proporciona, seja um suspiro após um devaneio de saudade, seja um sofrimento intenso — físico ou espiritual —, seja um *insight* qualquer.

Sempre estamos cercados de pessoas, mas, muitas vezes, vazios de nós mesmos. E o caminho aponta como retornar para casa. A casa interior, abandonada, que deixamos ali intacta para preencher com um monte de coisas.

Em Sárria, vivenciei momentos inesquecíveis, porque a minha percepção do meu mundo interno era diferente da de quando comecei a caminhada. Experimentei o melhor polvo da minha vida, e isso só foi possível porque eu estava íntegro. Corpo, mente e espírito no mesmo equilíbrio.

Já não era o mesmo Alessandro que começara a caminhar. É importante perceber que, na vida, não há involução. Vamos evoluindo, trazendo conquistas a cada passo, e a vida não volta nem nos toma de volta aquilo que foi conquistado. As conquistas que eu tinha tido até ali eram inúmeras.

Mesmo caminhando sozinho, estava cercado de pessoas que apareciam em momentos cruciais e revelavam algo em mim que eu não sabia que poderia

> **"É importante perceber que, na vida, não há involução. Vamos evoluindo, trazendo conquistas a cada passo, e a vida não volta nem nos toma de volta aquilo que foi conquistado."**

ser tão aparente. E é impossível passar por essa experiência sem ser tocado espiritualmente. Porque a transição entre a pessoa que começa o Caminho e a que termina é evidente. A evolução, em alguns níveis, também.

Mesmo quando todos estão caminhando para o mesmo lugar, cada um tem uma perspectiva diferente do Caminho. As histórias se convergem e tentamos interagir uns com os outros, trazendo o nosso melhor. Nem sempre conseguimos.

Alguns sofrem calados. Outros levam seu sofrimento e pedem ajuda para o mundo. Ninguém suporta o Caminho sem trazer algo à tona. Assim como na terapia, ele esclarece muitas coisas que não tinham sido reveladas e nos torna mais fortes ao nos emprestar a consciência de algumas coisas que estavam escondidas no nosso inconsciente.

Enquanto caminhava, eu sentia na pele quais eram as decisões corretas e o que eu fazia equivocadamente no Caminho de Santiago. A aprendizagem era constante, e não tinha como não traçar um paralelo com minha vida corporativa.

Caminhando, eu revia minha trajetória, lembrando-me de quando trabalhava em um escritório na Penha e de quando tínhamos conquistado o andar inteiro de um prédio na Avenida Paulista. Fora uma conquista emblemática, mas logo no primeiro dia de trabalho, o fatídico 11 de setembro fazia o mundo reagir ao medo coletivamente.

Nem todas as felicidades individuais podem ser celebradas coletivamente. Naquele dia, não havia como celebrar. Mesmo que quiséssemos. O mundo parecia mais sombrio, e não fazia sentido dizer que havíamos conquistado tanto. Lembrei-me da filosofia Ubuntu. Certa vez, um historiador, trabalhando na África, resolveu distribuir balas e doces para algumas crianças. As crianças, em vez de correrem umas à frente das outras para apanhar as guloseimas, deram-se as mãos e caminharam juntas até elas. O historiador ficou chocado com aquela atitude inesperada e perguntou a elas por que agiram daquele modo. Todas disseram, como se fosse óbvio: "Ubuntu".

Ubuntu significa "somos todos porque somos um". Para aquelas crianças, não fazia sentido que apenas uma delas cruzasse a linha de chegada e as demais perdessem o prêmio. Se apenas uma fosse contemplada e isso trouxesse a tristeza das demais, não valeria a pena.

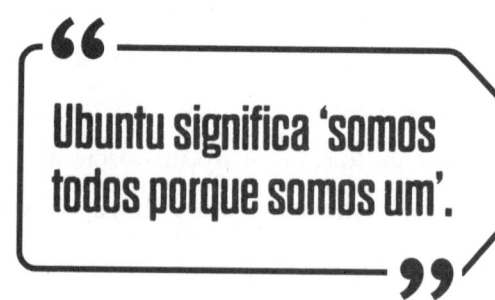

No Caminho, muitas vezes nos ajudamos. E nos esquecemos de nós mesmos. No mundo corporativo nem sempre nos ajudamos, porque pensamos muito mais em nós mesmos.

No dia 11 de setembro, era impossível não pensar coletivamente. Era dia de luto coletivo. Mesmo que tivéssemos uma grande conquista a ser celebrada.

Naquela época, tínhamos um ponto de equilíbrio na empresa. Vivíamos uma época de ótimas vendas de revistas e, embora houvesse cem funcionários na firma, eu sabia o nome de cada um deles.

Sem saber o que poderia dar certo ou errado, íamos fazendo as coisas intuitivamente, e aquilo funcionava tão bem que se tornara a regra para os passos seguintes. Com um clima organizacional fantástico, tínhamos todos os ingredientes para que tudo desse certo.

Em 2004, lançamos a revista do Discovery Channel, um projeto de geração de conteúdo alinhado ao licenciamento, e tudo começou a crescer. A editora percebeu um processo de desalinhamento de percepções sobre crescimento e, quando pessoas diferentes enxergam coisas diferentes, precisamos parar e reorganizar o que está sendo feito.

Em uma empresa, muitas vezes, o crescimento exponencial vem acompanhado de desorganização, porque não notamos que precisamos de alguns processos. Na caminhada, se não percebermos para onde estamos indo, perdemo-nos pelo caminho.

Quando paramos de enxergar o caminho, precisamos parar. Crescer é bom, e caminhar depressa também, mas, se isso é feito de forma desordenada, precisamos entender onde estamos errando. No caso da empresa, tivéramos um crescimento rápido, desordenado e sem processos, e foi necessário trazer consultores para que pudéssemos entender se o que estava sendo feito de fato era o melhor.

> **Em uma empresa, muitas vezes, o crescimento exponencial vem acompanhado de desorganização, porque não notamos que precisamos de alguns processos.**

Se não observarmos atentamente, podemos sair correndo para chegar logo, sem notar o que, ou quem, está sendo deixado para trás. E isso é perigoso para qualquer empresa, negócio ou vida.

Você já deve ter vivido isso. A vida financeira vai bem, mas a família ficou de lado. Ou a vida pessoal está tinindo, mas as finanças descem ladeira abaixo. O equilíbrio nessa equação é vital para qualquer um. Porque, como disseram as crianças no episódio do historiador, "somos todos porque somos um". E não há sucesso financeiro que justifique um fracasso em casa e vice-versa.

Então, para entender o rumo que deveríamos seguir como grupo empresarial, fui fazer MBA. Tudo estava dando certo, mas eu precisava validar nossas decisões, já que o negócio tinha tomado proporções que jamais tínhamos imaginado.

Começamos a confiar mais nos consultores do que em nossa percepção, e aquilo nos trouxe a lição de que, embora existam especialistas em cada área de atuação, a intuição é uma boa aliada. Precisamos de especialistas, mas temos que confiar em nosso potencial de enxergar aquilo que criamos e dar vida a tudo.

Em uma situação de crise financeira, ficou claro que eu precisava mudar o rumo da empresa. Tudo tinha crescido, e deixar todas as empresas debaixo do mesmo guarda-chuva em uma situação de crise poderia fazer com que o lucro de uma delas fosse utilizado para pagar o prejuízo de outra. Uma decisão precisava ser tomada.

Eu intuía que o crescimento tinha dado origem a negócios distintos. E, quando isso acontece, o grande problema é entender erros e acertos. Passamos de "grupo" para um caminho em que cada uma das cinco empresas teria seu próprio escritório e sua própria gestão financeira. E, desta forma, cada empresa teria seu ritmo.

A verdade é que apenas duas sobreviveram. Porém, se não tivéssemos feito a separação, nenhuma teria sido salva.

Você deve estar se perguntando: "Mas e o Ubuntu nesse caso? Não é o fim da era de cada um por si?". Pois imagine se a mesma pessoa que percorre todo o Caminho de Santiago tem o mesmo propósito daquela que fez cem quilômetros apenas para ganhar o certificado. São ritmos diferentes, propósitos diferentes. Separar as coisas faz parte do processo e é importante para que quem esteja alinhado com suas metas possa ter espaço para se desenvolver.

A gestão do futuro é pensar em cada indivíduo ou empresa e perceber suas reais necessidades. No exemplo que dei sobre as minhas empresas, a melhor saída foi separá-las; talvez, em outro momento, a melhor solução seria transformar tudo em uma empresa só. Cabe ao líder identificar qual é o melhor caminho.

> " A gestão do futuro é pensar em cada indivíduo ou empresa e perceber suas reais necessidades. "

Para o bem-estar coletivo, devemos considerar individualidades. Embora eu possa ir com uma excursão para o Caminho de Santiago, ninguém vai caminhar por mim. Eu posso até ter auxílio emocional, ajuda, companhia, mas, no dia a dia, é cada um consigo. E a ajuda recíproca nos fortalece para que consigamos chegar aonde nos dispusermos a chegar. Quem não quer caminhar, porém, nunca vai ser carregado a lugar algum. E ainda vai fazer com que você se esqueça de onde quer chegar.

Perceber quando devemos caminhar juntos e quando isso seria nocivo para nós é uma das coisas mais difíceis a serem compreendidas.

CAPÍTULO 7

O planejamento da sua vida

APÓS SAIR DA FACULDADE, TRABALHEI COMO programador até abrir a minha empresa. A condução daquele processo parecia estar de acordo com o estilo de vida que eu desejava. Trabalho, remuneração, gestão. Uma construção de liderança humana e sadia. Não havia nada errado.

Sempre soube que a gestão não dava muita margem para achismos. E que, para todo gestor, o planejamento é o ponto de partida. Ele existe para que possamos começar qualquer projeto, mas há uma necessidade constante de ser reavaliado. Planejar significa fazer replanejamentos.

Quando o negócio começa de fato, é outra história. Na empresa e na vida. Mas, na empresa, são centenas de pessoas reunidas com humores e expectativas distintas. Enquanto uma máquina é previsível, o ser humano tem outros botões e gatilhos, e não se sabe onde começa ou termina o humor de um dia.

> **Planejar significa fazer replanejamentos.**

Planejar tornou-se algo factível quando decidi fazer o Caminho de Santiago. Sabia que um planejamento trazia bons resultados. Eu já tinha experiência anterior, então, levei só o que precisava. E, depois de uma semana, descobri um quilo de coisas que não usei e logo as despachei para Santiago, ficando com a mochila mais leve.

Na vida, só conseguimos identificar o peso da nossa mochila quando as costas começam a doer demais. Na caminhada, ela se tornou quase um fardo

> **Na vida, só conseguimos identificar o peso da nossa mochila quando as costas começam a doer demais.**

de tão pesada. Eu sabia que a vida tinha sido pesada em muitos momentos. Eu sabia carregar aquele peso. Eu sabia o quanto estava cansado de continuar fazendo de conta que a sobrecarga não era grande.

Minha mochila estava cheia fazia bastante tempo. E eu carregava tudo sem perceber. Ao mesmo tempo que tentava perceber o que podia deixar de lado, pensava nas pessoas possuídas pelos desejos, sempre enchendo suas mochilas, cada vez mais. Aquela pessoa que conquista, compra tudo e não obtém saciedade. Na realidade, não é ela quem possui essas coisas; são as coisas que a possuem. Muitos trabalham um determinado número de horas com o único objetivo de "ter".

Na novela *Pantanal*, o personagem José Leôncio possuía muitas terras e, em certo momento da trama, outro personagem, chamado de Velho do Rio, diz a ele, com sabedoria:

— Não é que você seja o dono destas terras. Estas terras é que são as suas donas.

Essa questão a respeito do que carregamos na mochila tem muito a ver com isso. O que acreditamos ser nosso, mas na verdade é apenas um peso em nossa vida? Quais pesos podemos deixar? Na empresa, nos relacionamentos, em casa?

Alguns relacionamentos que temos são tóxicos. No Caminho, eu sinto o que carrego; dá dor nas costas. Na vida, não há sintomas que apontem o que está minando nossa energia, nossa força. Como podemos olhar para isso e nos desvencilhar de tanto peso? Em uma empresa, como identificar os produtos dos quais podemos nos desapegar e tirar de linha?

Só que vamos nos enganando. Compramos uma mochila cada vez maior.

Muitos querem ter um escritório bonito, aquela sala de reuniões pomposa, aquela perfumaria toda para saltar aos olhos das pessoas que olham de fora. A *startup* que busca alugar um lugar incrível para fazer graça para o cliente, sem que aquilo seja necessário para o negócio, é comum.

A localização do escritório não vai

> " A *startup* que busca alugar um lugar incrível para fazer graça para o cliente, sem que aquilo seja necessário para o negócio, é comum. "

ajudar a vender o livro de uma editora. Eu sei disso. Agora, o quanto se paga a mais de aluguel para estar ali, isso, sim, prejudica.

Quando é necessário cortar pessoas, o sofrimento é maior, mas tudo demanda um nível de planejamento. Se algo deu errado ou o gestor se equivocou na hora de fazer um planejamento, ele deve ser sincero e transparente consigo mesmo.

Um projeto tem seus indicadores de performance, e percebemos quando ele não está funcionando da maneira planejada. Contratam-se tantos funcionários porque imagina-se uma venda tal de serviços. Dimensiona-se o projeto para que atenda a determinada demanda. No entanto, se a demanda comprovar-se menor do que a prevista, pode ser necessário demitir. É função do gestor gerir e organizar essa situação.

Ele deve identificar o estado do projeto como quem identifica o que está excessivo em uma mochila. Então, deve traçar um cenário de mercado, pesquisar, analisar tendências. Só assim poderá determinar se a empresa carrega o que ela precisa. Ao se identificar o ramo de atividade básica da empresa, identifica-se onde se quer estar. De repente, o desapego é entender qual o seu *core business*. Não há necessidade de trazer tudo para dentro da empresa. Muitas vezes, soltar é a solução.

Planejar faz com que abramos espaços outrora cheios de coisas desconexas para que outras possam entrar. No Caminho

> " De repente, o desapego é entender qual o seu *core business*. Não há necessidade de trazer tudo para dentro da empresa. Muitas vezes, soltar é a solução. "

de Santiago, conheci muita gente. Sentia-me leve, de coração tranquilo, queria deixar que as pessoas chegassem até mim. Nutríamos carinho uns pelos outros, sofríamos juntos, sentíamos coisas parecidas. Eu não as buscava, simplesmente as encontrava pelo caminho.

Conforme mantemos o ritmo da nossa vida, o planejamento vai se ajustando. Quando fiz a minha primeira caminhada, estava enfrentando uma rotina de trabalho intensa. O meu planejamento se resumiu a me organizar para me ausentar do escritório por alguns dias. Seguramente, foi a caminhada na qual eu mais aprendi e mais sofri, principalmente pelo fato de não ter me preparado adequadamente. Acabei sofrendo muito mais do que o necessário para completar os 180 quilômetros a pé, mas é fato que essa experiência me poupou de sofrimentos nas caminhadas que faria depois.

No Caminho da Fé, o primeiro erro que cometi foi olhar apenas para a distância a ser percorrida, sem levar em consideração a altimetria do trajeto. Imaginei um percurso de 180 quilômetros utopicamente plano, mas nenhum trecho dessa distância era assim, ainda mais porque grande parte do trajeto cruza a Serra da Mantiqueira. Meu maior erro, no entanto, foi colocar na cabeça que andaria a uma velocidade de seis quilômetros por hora e, assim, conseguiria chegar em Aparecida em quatro dias.

Saí logo cedo do albergue onde passara a noite, em Estiva, com destino à cidade de Paraisópolis, distante quarenta quilômetros. Na velocidade de seis quilômetros por hora, esse trajeto seria feito em menos de sete horas. Fácil. Caminharia até a cidade de Consolação, a dezenove quilômetros de distância, comeria algo e descansaria um pouco. Depois, seriam mais vinte quilômetros até Paraisópolis, aonde chegaria por volta das três da tarde, com muito tempo para descansar para o dia seguinte de caminhada.

A realidade foi bem diferente. Comecei de olho no relógio para manter a velocidade média e tudo deu certo na primeira hora de caminhada, até que apareceu a primeira subida íngreme. Continuei no mesmo ritmo e, conforme comentei lá no primeiro capítulo, recordo-me de dois ciclistas que passaram por mim e me perguntaram a que horas eu havia saído de Estiva, cidade de início da minha caminhada. Ficaram espantados com a velocidade com que eu estava subindo aquela montanha e me elogiaram. Aquele elogio funcionou como uma injeção de ânimo. Acelerei mais ainda. No final da subida, meus joelhos sinalizaram a besteira que eu havia feito. A sensação que eu tive era de que claramente não teria pernas para caminhar mais.

Altimetria é a representação do relevo de um terreno, ou seja, a variação de altitude entre cada ponto na superfície. O Caminho da Fé tem como característica as inúmeras subidas e descidas, o que muda tudo quando comparamos com um caminho plano.

Com relação ao trecho que eu fiz no meu primeiro dia de caminhada, o ganho de elevação foi de 1,1 mil metros em um percurso de dez quilômetros de distância. A soma das diferenças das altitudes desse trecho equivale a mais de um quilômetro. Isso é muito! É como subir 3,6 mil degraus e descer outros dois mil. Descobri isso por meio de muito sofrimento e colocando em risco a continuidade da minha caminhada.

No fim das contas, consegui terminar esse trecho da caminhada com muito esforço, chegando em Paraisópolis pouco depois das dezoito horas. Sentindo dores por todo o corpo, eu não sabia se conseguiria caminhar no dia seguinte. Acabei conseguindo dar continuidade à caminhada graças ao uso de relaxantes musculares e analgésicos. Sem esses remédios, eu não teria conseguido continuar, mas, ao tomá-los, assumi o risco de sofrer alguma contusão mais séria, uma vez que a dor seria inibida pelos medicamentos.

Assim como ignorei o tipo de terreno no qual eu caminharia, não me dei ao trabalho mínimo de pesquisar um pouco mais sobre o tipo de calçado mais adequado e qual tipo de roupa seria melhor para o mês de março, com temperaturas ao redor dos 30ºC.

Fui para a caminhada com um par de tênis antigos, daqueles que têm bolhas de ar no solado, e com uma roupa que havia comprado para pescar no Pantanal. Sofri também de maneira desnecessária, pois, como não levei mais roupas, não conseguia lavar a que tinha a tempo de usar no outro dia. Não preciso nem falar como eu estava cheirando quando cheguei em Aparecida.

Com relação ao calçado, além das várias bolhas nos pés que me causou, uma das câmaras da suspensão a ar furou, gerando um desnivelamento entre a altura da sola do pé esquerdo e a do pé direito. Segui a caminhada sem sentir muita diferença, mas, como resultado desse desnível entre um tênis e outro, tive dores nas costas que duraram meses após a caminhada. Essas experiências foram muito importantes para as caminhadas que fiz depois e me pouparam muitos sofrimentos desnecessários.

Acredito que a falta de preparo tenha sido um tipo de arrogância da minha parte. Eu julguei que seria fácil completar a caminhada. Nunca havia feito nenhuma caminhada desse tipo e, mesmo assim, acreditei que caminharia os 180 quilômetros sem muitas dificuldades. Subestimei a caminhada e paguei um preço alto por isso na forma de dores e bolhas nos pés — e por muito pouco consegui terminar o trajeto que eu tanto queria fazer.

Eu nunca tinha me visto como uma pessoa arrogante, mas a maneira como acreditara ter habilidade para fazer o que era impossível me colocou diante de uma versão arrogante de mim mesmo que eu desconhecia. Descobri que a arrogância se manifesta de diferentes maneiras, e ter uma opinião exagerada sobre minhas próprias habilidades era uma das formas de ela se manifestar.

Quando eu faço uma analogia disso com a minha vida, fica claro que não posso me dispor a fazer algo que nunca fiz sem ao menos pesquisar sobre o que será feito — e, acima de tudo, devo me preparar minimamente para fazê-lo. Quantas vezes não assumimos compromissos e não conseguimos cumpri-los, pois foram contraídos sem um embasamento maior? Eu conheço a alegria de terminar as três caminhadas que fiz, mas não consigo imaginar o tamanho da frustração de ter que interromper uma dessas peregrinações por causa de lesões.

Quantas vezes falhamos nos planos e colocamos a culpa em tudo, menos no fato de talvez não termos nos preparado o suficiente para sermos bem-sucedidos? Preparação e planejamento são fundamentais para uma caminhada. O que dizer, então, de como isso é importante para as nossas vidas?

> "Quantas vezes não assumimos compromissos e não conseguimos cumpri-los, pois foram contraídos sem um embasamento maior?"

CAPÍTULO 8

Ser adaptável.
Bênção ou maldição?

TODOS SABEMOS QUE O SER HUMANO SE ADAPTA a muitas coisas. Com nosso corpo não é diferente: adaptamo-nos a uma carga enorme de atividades sem perceber. Em uma caminhada, quando estamos cansados, nem sempre percebemos quanto tempo caminhamos ou as lesões que possivelmente estamos enfrentando.

No dia a dia acontece o mesmo. Somos uma somatória de hábitos e, ao mesmo tempo, não percebemos que tantas coisas estão acontecendo conosco. E, se nos adaptamos a elas, isso pode ser bom ou ruim, a depender das condições envolvidas.

Se vivo em um ambiente inóspito e acho que aquilo é normal, corro o risco de ficar preso a uma armadilha, sem saber como livrar-me dela. Mas nem sempre percebemos que fomos pegos pela ratoeira que nos engole. Monitorar os hábitos e as rotinas aos quais estamos condicionados pode ser a única maneira de evitar a adaptação ao que pode nos destruir em pouco tempo.

Já vi pessoas começando o Caminho de Santiago extremamente confiantes e seguindo adiante por um caminho contraindicado para quem não tem o preparo adequado. Soube de relatos de pessoas que morreram por seguirem adiante, sem respeitar os avisos do corpo, as condições climáticas externas ou problemas cardiorrespiratórios.

No dia a dia, também acontece de não sabermos nos automonitorar e retornar ao caminho desejado, sem nos deixar levar pelo caminho que envolve armadilhas e nos faz esquecer de nós mesmos.

A pergunta que sempre devo fazer é: "Como saber se os hábitos estão coerentes ou não com o que queremos?". Pode ser difícil diagnosticar, porque é muito difícil fazermos sozinhos um *check-up* na nossa vida e analisar o que está indo de mal a pior.

Na caminhada, eu só percebi que estava forçando demais por causa das marcações; caso contrário, seria capaz de andar até desmaiar. Na nossa rotina, muitas vezes nos comprometemos com uma série de atividades e, só quando paramos, perguntamos a nós mesmos como fomos capazes de suportar aquela carga toda.

Hoje, tenho consciência disso, mas sei que é uma estrada a ser percorrida. A auto-observação deve ser constante para que não entremos em colapso.

Certa vez, estava trabalhando em um cargo de gestor e decidi parar. Eu não conseguia lidar com aquilo tudo e só fui descobrir o que se passava devido a um sintoma: dificuldade de dormir. A dificuldade de dormir ocorria por causa da minha ansiedade quanto a situações que precisavam ser resolvidas. Meu nível de ansiedade não permitia que eu me desligasse e descansasse, e isso se torna destrutivo para o ser humano.

ALESSANDRO GERARDI

> "Na nossa rotina, muitas vezes nos comprometemos com uma série de atividades e, só quando paramos, perguntamos a nós mesmos como fomos capazes de suportar aquela carga toda."

Pensar nos sintomas e entender como eles nos trazem sinais de que algo não vai bem é uma maneira de criar estratégias para fugir de um estado que pode ser destrutivo. Um caminho sem volta.

No meio corporativo, é comum vermos pessoas que não cuidam da saúde, ficam depressivas, afastam-se de amigos, vivem para o trabalho, bebem todos os dias e acreditam que estão simplesmente aliviando a tensão quando o fazem. Não percebem que se adaptar a uma sociedade doente não é algo saudável.

Prestar atenção a esses sintomas pode nos ajudar a perceber que não estamos vivendo em uma fantasia, com todas as coisas caminhando, quando, na verdade, estão escapando do nosso controle. Eu confesso que só consegui fazer essa análise porque não dependia financeiramente daquele emprego.

Observar se a empresa está conectada com seus valores e seus propósitos é a mesma coisa que entender se a mochila está pesada durante a caminhada.

A relação do peregrino com sua mochila oscila entre o amor e o ódio. Há amor porque ali está a sua vida, isto é, tudo de que vai precisar nas próximas semanas

> **"** Observar se a empresa está conectada com seus valores e seus propósitos é a mesma coisa que entender se a mochila está pesada durante a caminhada. **"**

está em suas costas; há ódio porque a caminhada já é difícil, e carregar um peso considerável nas costas a torna mais complicada ainda.

Eu tinha uma grande certeza ao me planejar para o Caminho de Santiago: não levaria nada além do que fosse realmente necessário para a caminhada. Já havia feito duas grandes caminhadas e tinha uma ideia mais clara do que precisaria para passar esses trinta dias na estrada. Triste ilusão! Mais uma vez carreguei mais coisas do que precisava.

O trajeto exaustivo até Viana me motivou a fazer uma reorganização da minha mochila, separando o que eu não havia utilizado até então. A lógica dessa reorganização foi simples: se não tirei alguma coisa da mochila nos primeiros sete dias de caminhada, havia uma probabilidade grande de não utilizar aquele item até o final. Foi o critério que usei para aliviar o peso às minhas costas.

Consegui separar um quilo de bagagem desnecessária. Pode não parecer muito, mas, levando-se em consideração que iniciei a caminhada com aproximadamente 7,5 quilos, aquele alívio aparentemente irrisório significou reduzir o peso total da mochila em 15%. Isso tornou a caminhada mais confortável, em especial nos primeiros dias depois da mudança.

E, fora do Caminho, o que estamos carregando na nossa mochila? Será que precisamos de tudo aquilo mesmo? Será que não estamos acumulando bagagem demais? Coisas de que não precisamos e que mantemos por mera insegurança e medo do desapego?

Os 6,5 quilos de bagagem que carreguei durante esses dias do Caminho continham tudo de que eu precisava. Duas calças, quatro camisas, três cuecas, três pares de meias, carregador do celular, remédios, toalha de banho, capa de chuva. No fim, não senti falta de quase nada com relação a objetos materiais. Isso foi muito marcante! É impressionante a quantidade de coisas que acumulamos durante a vida e que, além de ocupar espaço, acabam privando outras pessoas de fazerem uso desses objetos.

Podemos estender essa analogia para coisas que não são materiais. Quantas amizades que não nos fazem bem acabamos por manter por não termos coragem de quebrar os vínculos? Qual é a carga emocional que estamos carregando sem necessidade? Quanta exposição desnecessária ao estresse, quantas amarguras acabamos por segurar sem colocá-las para fora? Esse acúmulo de sentimentos vai nos corroendo por dentro e, tal como a mochila pesada que gera lesões musculares, todo esse estresse acumulado pode causar lesões que vão acabar afetando nossa saúde mental.

Profissionalmente falando, a situação é mais complicada ainda: quantas responsabilidades assumimos com relação a tarefas, empregos e projetos devido à necessidade que temos de trabalhar para receber o salário no fim do mês? Quanta carga emocional acabamos carregando, a um custo que não sabemos muito bem qual? O estresse da profissão, aliado à necessidade de rendimento no trabalho, faz com que adiemos mudanças e aceitemos tarefas que não gostamos de fazer. Tudo isso se traduz em uma carga emocional que, em excesso, afeta nossa saúde mental — e, consequentemente, vai afetar a nossa saúde física também.

Desde que fiz o Caminho, sempre me lembro da mochila para me motivar a rever algumas coisas na minha vida. Será que preciso disso? Será que não estou carregando um peso maior do que eu posso carregar?

A caminhada da nossa vida é longa. Acontece durante muitos e muitos anos, e às vezes não conseguimos dimensionar o quanto essa sobrecarga pode nos prejudicar no longo prazo.

Em uma empresa, podemos passar anos fazendo as mesmas coisas sem nos questionarmos se aquilo é necessário ou faz sentido. Devemos elaborar um planejamento estratégico sobre o que queremos para nós e entender quais são os valores inegociáveis para essa caminhada. Nesse planejamento, podemos incluir fins de semana, noites de sono e o entendimento de que, se não temos aquilo de que precisamos para o nosso bem-estar, deveríamos parar e perceber o que está errado.

> **Será que preciso disso? Será que não estou carregando um peso maior do que eu posso carregar?**

Se a pessoa não faz esse *check-up* anual para observar a própria vida e os pesos excedentes da caminhada, ela não entende que a sobrecarga pode afetar o seu corpo. Se os indicadores de uma saúde deficiente são colesterol alto ou pressão cardíaca alterada, os indicadores mentais de que algo não vai bem incluem fadiga, ansiedade, fobias e transtornos dos mais diversos tipos.

Para uma empresa, diagnosticar também é preciso. O corpo é a vida financeira, e a mente é o clima organizacional.

Quando entendemos isso, podemos entender se nossa adaptação tem sido uma bênção ou uma maldição.

As pessoas costumam confundir o normal com o comum. De tão comuns, os sintomas depressivos e de exaustão hoje parecem normais, já que a maioria os experimenta. Deveriam ser a exceção, todavia, e não a regra.

Podemos observar a mesma confusão em situações mais corriqueiras, como o tempo que gastamos ao celular. Não é normal ficar seis horas por dia no celular, mas não percebemos que o fazemos.

É comum nos dias de hoje, mas não é normal dentro de uma perspectiva histórica. São hábitos da maioria, e cada pessoa vai aceitá-lo ou não, a depender do que ela deseja para si. Se o corpo ainda não apresenta sintomas de ansiedade, ele pode dar conta por ora, mas poucos conseguem entender que o tempo de vida útil no trabalho vai acabar um dia. E a sensação de ser "improdutivo" pode ser pior para aquele empresário que carrega uma máscara, um rótulo ou um crachá, acreditando ser um personagem.

Muitas pessoas acreditam que o seu sobrenome é o nome da empresa, por isso, acabam confundindo os papéis. No fim, sua mochila adquire um peso insuportável. Elas se adaptam a uma mudança de identidade,

> **"Muitas pessoas acreditam que o seu sobrenome é o nome da empresa, por isso, acabam confundindo os papéis. No fim, sua mochila adquire um peso insuportável."**

"As pessoas costumam confundir o normal com o comum. De tão comuns, os sintomas depressivos e de exaustão hoje parecem normais, já que a maioria os experimenta. Deveriam ser a exceção, todavia, e não a regra."

vendem a alma pela carteira de trabalho e, quando se dão conta, já não sabem mais quem são.

Uma das perguntas que nos ajudam a entender quem somos e se estamos seguindo o nosso próprio caminho é: "Eu sou o que eu gostaria ou o que minha família gostaria que eu fosse?". Quem caminha pelo outro não entende que se acostuma com coisas nocivas para dar conta do recado.

É como morar muito longe do nosso local de trabalho. Só vamos perceber de verdade aquela distância ao nos mudarmos para um lugar mais próximo. Nosso organismo acaba se acostumando às batalhas diárias, e podemos usar isso a nosso favor.

Devemos cuidar para não nos acostumar com situações nocivas à nossa saúde física e mental. Situações que, por medo da mudança, acabamos aceitando, não obstante nos fazerem mal. Muitas pessoas toleram assédios morais, torturas psicológicas e relacionamentos abusivos justamente por terem se acostumado com a maldade do outro. A mesma característica que nos faz suportar a dor da caminhada, que nos motiva a arrancar forças para chegar ao nosso destino, pode ser usada contra nós, ao nos propiciar forças para enfrentar situações que não deveríamos suportar, postergando nossa revolta e eventualmente nos levando a um ponto em que os danos causados por essas situações se tornem irreversíveis.

CAPÍTULO 9

O julgamento

M UITAS VEZES, BATEMOS O OLHO EM UMA PESSOA e já fazemos um julgamento. Isso acontece no Caminho e na vida. Na empresa e fora dela.

No Caminho, foi interessante perceber como isso era gritante. Partindo de Larrassoaña, fiz uma caminhada curta de pouco menos de quinze quilômetros até Pamplona e lá fiquei para passar o domingo com amigos que havia conhecido em Roncesvalles. Pamplona é uma das cidades "grandes" que o Caminho cruza. São mais de duzentos mil habitantes e é nela que acontece a famosa festa de São Firmino, quando os touros são soltos nas ruas. No dia seguinte, partimos juntos em direção a Puente la Reina. Seriam 23 quilômetros de caminhada pela frente, e é nesse trecho que se encontra o Alto do Perdão, um dos marcos do Caminho. Ele está localizado no topo de uma montanha situada oitocentos metros acima do nível do mar. A subida é pesada, e muitos peregrinos associam a subida e a passagem pelo Alto do Perdão ao livramento de pecados e erros cometidos no passado.

Estou contando isso porque, logo no começo dessa etapa, ainda em Pamplona, encontramos um escocês que aparentava ter uns 65 anos. Ele carregava uma mochila assustadora, enorme, que devia pesar uns quinze quilos. Nela, ele carregava toda a comida de que precisaria para completar os pouco mais de setecentos quilômetros que nos separavam de Santiago. Sobre essa comida, ele nos disse que era desidratada, por isso, todo seu estoque seria suficiente para as semanas seguintes; sobre o peso da mochila, ele não deu muita bola para nossa cara de espanto.

Nosso julgamento derivou de seu aspecto físico. Pela idade, ele não parecia capaz de levar aquela mochila enorme. Eu acreditava que eu teria capacidade de carregar peso e imaginava que o outro não. Para se ter uma ideia, brincávamos que ele carregava um anão ali dentro.

Recomenda-se que o peso da mochila não ultrapasse 10% do peso da pessoa que a carrega. Foi essa recomendação que eu procurei seguir e é o que a maioria dos peregrinos segue. Aparentemente, o escocês estava carregando o dobro do peso recomendado. Despedimo-nos dele imaginando que ele não conseguiria chegar nem a Puente la Reina, nosso destino daquele dia. Puente la Reina é mais uma das cidades importantes do Caminho Francês. É lá que o percurso que se inicia em Saint-Jean se une a outros caminhos, formando uma rota única até Santiago. Foi mais um trajeto cansativo, basicamente uma longa subida de treze quilômetros seguida de uma longa descida de onze, que nos levou até o albergue no qual passaríamos aquela noite.

Chegamos a Puente e, quando estávamos nos preparando para fazer o *check-in*, eis que o escocês passa por nós com sua enorme mochila e nos diz que caminharia até Estella, 21 quilômetros adiante de onde estávamos. Resumindo: ele caminharia o dobro do que eu caminhei naquele dia, carregando o dobro do peso que eu tinha carregado. Quando o vira pela primeira vez, meu olhar fulminante o tinha julgado simplesmente por causa da aparência.

Outro peregrino que cheguei a julgar despreparado para vencer o Caminho acabou terminando o percurso cinco dias antes de mim. E eu é quem tive que pedir para ele ir em frente e me abandonar, porque não conseguia acompanhar o seu ritmo.

Isso só mostra como o Caminho nos prega peças, mostrando claramente como julgar pode ser ruim, mostrando como o preconceito se manifesta disfarçado de humor e de comentários tolos. Eu me achava o atleta, muito superior ao escocês por simplesmente ter menos idade. No fim das contas, não conseguiria acompanhá-lo nem sequer por um dia nessa longa jornada.

Somos máquinas incansáveis de julgar. Emitimos julgamentos a cada minuto, a respeito de pessoas, lugares, situações de todos os tipos. Só pelo

> "
> Somos máquinas incansáveis de julgar. Emitimos julgamentos a cada minuto, a respeito de pessoas, lugares, situações de todos os tipos.
> "

olhar julgamos, e situações com as quais nos deparamos no caminho nos ajudam a controlar esses impulsos.

No dia seguinte, partimos rumo à cidade de Estella. Foram 22 quilômetros não muito difíceis, com apenas algumas subidas leves, o que fez com que chegássemos à cidade muito cedo. Decidimos esticar a jornada daquele dia até a pequena cidade de Villamayor de Monjardín, um trajeto adicional de oito quilômetros que, eu não sabia, era, na realidade, uma grande subida — o que fez com que esse trecho fosse mais cansativo do que os 22 quilômetros que caminhara anteriormente.

Fiquei atrás de meus amigos na maior parte desse trajeto, mas acabamos chegando a Villamayor quase juntos. Já havia consultado os albergues disponíveis por ali e um deles havia sido recentemente inaugurado. Fui direto para lá e, ao chegar, o lugar me pareceu bem aconchegante, principalmente por estar com cara de novo. Estava quase entrando no albergue quando ouvi meu nome ao longe. Eram meus amigos me chamando para ficar com eles em outro albergue que encontraram. Eu estava bastante cansado por causa da subida de oito quilômetros e queria apenas a minha recompensa diária: a ducha, a cama e a comida. Porém, não quis ser deselegante e ignorar aqueles chamados. Fui lá conhecer esse outro albergue, que parecia bastante inferior ao primeiro.

Aí é que entra o olhar julgador. O lugar era muito antigo, e o preço era praticamente o mesmo do albergue recém-inaugurado. Mas, para não parecer chato, acabei ficando com os outros peregrinos. Ao entrar no quarto, tive vontade de ir embora.

Ele se parecia mais com uma caverna, e, para piorar, acabei ficando com a parte superior do beliche. A distância entre a minha cabeça e o teto era inferior a três palmos.

Bem, já não era mais possível voltar atrás e era lá que eu passaria aquela noite. Desejava que o dia chegasse logo e eu pudesse escolher um albergue melhor no dia seguinte. Fui para o banho e a água esquentou. Ótimo sinal. Depois do banho quente, descansei um pouquinho, à espera do jantar.

Foi no jantar que eu descobri que o albergue era mantido por uma organização cristã e voluntários de vários países do mundo cuidavam do dia a dia do local, desempenhando tarefas como limpar os quartos e preparar as refeições. Fomos recebidos aquela noite pelos voluntários escalados para preparar o nosso jantar comunitário. Em cada mesa, um desses voluntários acolhia os peregrinos, conversando com todos, o que criou um clima de confraternização muito bacana. O voluntário da nossa mesa era um americano, consultor especializado em agronegócios, que conhecia bem o Brasil. Sua filha tinha preparado o nosso jantar e não preciso nem dizer que a comida estava deliciosa. Já naquele momento ficara mais do que claro que o meu julgamento tinha sido equivocado, mas a noite ainda não havia terminado.

Logo após a sobremesa, fomos convidados a participar do que eles chamam de *Jesus Meditation*, uma espécie de reflexão em grupo a respeito de uma passagem bíblica. O evento foi realizado em uma parte do prédio que havia sido construída há mais de quinhentos anos. Recordo-me até hoje da passagem bíblica que foi discutida e de como foi especial aquele momento de confraternização naquela pequena cidade.

Agradeço aos meus colegas por terem insistido que eu ficasse com eles, pois foi uma noite especial do caminho. Se dependesse apenas do meu julgamento, eu teria ficado no outro albergue, por ter imaginado que seria mais confortável. Com isso, não teria vivenciado algo tão especial. Na verdade, o outro albergue poderia, sim, ser mais confortável, mas a acolhida que recebemos dos voluntários fez com que aquele local se transformasse em um lugar inigualavelmente aconchegante.

Penso naquela experiência com um sentimento positivo. Mas de quantas coisas nos privamos durante nossa existência por causa de preconceitos igualmente tão arraigados? Muitos estão tão entranhados dentro de nós que nem sabemos como foram parar lá — isso quando nos damos conta deles. São noções preconcebidas que pautam a nossa vida.

Estereotipamos as outras pessoas em vez de nos relacionarmos com elas de maneira direta. Nós as julgamos com base em preconcepções. Da mesma forma que criei uma imagem precipitada do idoso e do albergue, incorremos no mesmo tipo de julgamento no trabalho, e isso é muito nocivo. Você pode deixar de contratar uma pessoa fantástica por causa disso.

Quantas empresas não contratam as pessoas levando em consideração a aparência delas? Quantas vezes você não visitou organizações em que a maioria dos funcionários tinha o mesmo jeito de se vestir, a mesma faixa etária, a mesma cor da pele?

Hoje sabemos que muitas empresas preferem promover homens por não acreditarem que mulheres sejam capazes de ter pulso firme em determinadas situações. Outras acreditam que uma pessoa mais velha não tenha a capacidade de trabalhar adequadamente.

Muitas empresas e muitos gestores têm começado a manifestar interesse em trabalhar com profissionais de perfil diversificado. Mesmo assim, ainda é raro encontrar tais profissionais em cargos de liderança.

É necessário que haja diversidade dentro de uma organização. Caminhamos muito de uns tempos para cá e houve avanços enormes, mas, em uma empresa cujo dono está ali há décadas, não é possível que a organização não reflita o olhar julgador dele.

Já vi empresas racistas e outras que não contratavam pessoas com deficiência. Hoje temos iniciativas legislativas que buscam garantir o acesso desses profissionais aos locais de trabalho, para que haja igualdade, mas caminhamos a passos lentos quando falamos de equidade.

Eu não tenho uma aparência física que espelha o estereótipo consagrado de uma pessoa rica. Lembro-me muito bem de uma ocasião em que vesti um terno de marca para ir a um restaurante famoso, localizado em um hotel cinco estrelas. Estava bem-vestido e, ao chegar à recepção do hotel, pedi que chamassem a pessoa com a qual eu faria a reunião. Para meu espanto, perguntaram: "Você é o motorista?". Eu fiquei desconcertado, e o recepcionista, constrangido, quando expliquei que, na verdade, eu teria uma reunião com aquela pessoa.

> Muitas empresas e muitos gestores têm começado a manifestar interesse em trabalhar com profissionais de perfil diversificado. Mesmo assim, ainda é raro encontrar tais profissionais em cargos de liderança.

Fora do Brasil, uma mulher brasileira que obtenha algum destaque logo é estereotipada de maneira sexual e preconceituosa. Ela é definida sempre pela cor da pele e por sua etnia.

Hoje, faço faculdade de Psicologia e percebo que até mesmo as pessoas com transtornos de ansiedade ou depressão sofrem julgamentos e acabam não procurando ajuda. Quando o fazem, não contam sobre a medicação que utilizam no tratamento com medo de serem julgadas e rotuladas.

Existem julgamentos em todas as instâncias na sociedade. O preconceito acaba funcionando para julgar. Julgamos com base no preconceito.

As pessoas são subjugadas — e perdemos oportunidades de nos relacionar e de ter pessoas incríveis no quadro da empresa. A empresa pode perder muito quando não está atenta a isso.

Falar sobre julgamento me fez lembrar de uma história vivida no Caminho da Fé, no trecho entre Campos do Jordão e Pindamonhangaba. Era Domingo de Páscoa e um amigo e eu havíamos nos preparado para terminar nossa caminhada daquele dia em um convento que hospeda peregrinos. Quando lá chegamos, estava tudo fechado. Ao telefonar para o celular de contato, a freira que atendeu nos informou que elas estavam todas em Aparecida, celebrando a Páscoa por lá, e disse também que não tinham ideia de quando retornariam. Ficamos atordoados, pois o próximo albergue ficava a quase vinte quilômetros dali. Como no contato telefônico a pessoa que atendeu havia me perguntado em quantos estávamos, meu amigo comentou que, se estivéssemos em mais pessoas, certamente dariam um jeito de nos hospedar. O julgamento começava a mostrar as suas garras. Meu amigo sugeriu irmos de ônibus, mas, como minha promessa era caminhar, não quis usar o transporte público para não "quebrar" a promessa. Meu amigo decidiu me acompanhar, mesmo sofrendo muitas dores.

Já havia escurecido e o trecho era de estrada. Recordo-me dos caminhões passando perto de nós. Novamente, acabamos falando sobre a falta de interesse das freiras em nos receber, quando um pequeno automóvel parou do outro lado da estrada. Olhei e vi uma freira no banco de trás. Apontei o carro para o meu amigo e ele custou a acreditar. As freiras vieram atrás de nós! Estavam dirigindo pela estrada e buscando aqueles dois peregrinos desgarrados. Esse momento foi muito emocionante, pois estávamos sem forças para continuar a caminhada e o trajeto ficava cada vez mais perigoso. De início, não queríamos entrar no carro, pois teríamos que caminhar novamente aquele trecho no dia seguinte. Elas prometeram nos deixar naquele mesmo ponto pela manhã e decidimos seguir com elas.

Quando chegamos ao convento, as freiras nos serviram um jantar muito especial, com a comida do almoço especial de Páscoa de que elas participaram em Aparecida. Nosso julgamento não poderia ter sido mais equivocado com respeito àquelas pessoas e à bondade demonstrada por virem nos resgatar no meio do nada. Quando julgamos, acabamos por analisar coisas, situações e pessoas com base em preconceitos, com base em informações do passado que nos induzem a fazer julgamentos.

Mas quanto do passado acaba definindo o nosso futuro? Como situações que aconteceram há tanto tempo influenciam escolhas que fazemos hoje? Até que ponto construções sociais sobre o que é bom e o que é ruim acabam limitando nossas experiências? A situação que eu vivi em Villamayor foi impactante, pois meu julgamento estava completamente equivocado.

Refletindo sobre isso, percebo como os julgamentos já devem ter me levado a perder experiências como aquela. Fico imaginando quantas vezes eu já devo ter repetido esse julgamento equivocado em minha vida.

CAPÍTULO 10

Acolher o sofrimento

Quando eu estava no Caminho, a cidade de Cirueña foi mais uma das paradas. Passar por casas e mais casas sem avistar uma alma viva despertou minha curiosidade em entender o que havia acontecido por ali. A cidade, que tem pouco mais de cem habitantes, recebeu altos investimentos do mercado imobiliário no início dos anos 2000, quando condomínios foram construídos para uma população projetada de dez mil pessoas, com direito até a um campo de golfe. Hoje, tudo isso está praticamente abandonado, dando ao lugar uma aparência de cidade-fantasma.

Se o local parecia sem vida, a acolhida no albergue em que me hospedei não teve nada de fantasma. Fiquei hospedado em uma casa de família adaptada para receber peregrinos, o que dá a sensação de estar hospedado na casa de um parente distante, com direito a um jantar magnífico.

Até Belorado foram mais 29 quilômetros de caminhada, e por lá fiquei hospedado no albergue da igreja de Santa Maria, com direito a uma calorosa recepção feita pelos voluntários que cuidam do local. Como foi calorosa a acolhida reservada aos peregrinos que ali chegaram! Após um banho, fui para a simpática praça da cidade e, depois de almoçar, sentei-me ao sol e comecei ali mesmo a cuidar das bolhas que eu tinha nos pés. Não era o local adequado, mas o sol estava tão gostoso que decidi cuidar das minhas mazelas literalmente em praça pública.

Por mais que as aparências possam mostrar o contrário, no Caminho, todos sofrem, cada um à sua maneira. Eu estava sentado com um isqueiro, um pedaço de linha e uma agulha, esvaziando as bolhas para facilitar a cicatrização, e quem tinha me visto caminhando dificilmente imaginaria que aquelas bolhas existissem, tampouco que eu sentira uma pontada de dor em cada um dos quarenta mil passos que dei para caminhar de Cirueña a Belorado.

É muito difícil encontrar uma pessoa no Caminho sem algum tipo de dor, a menos que ela esteja tomando analgésicos. Normalmente, só descobrimos a dor do outro quando conversamos, pois o papo acaba se voltando para os comentários a respeito do estado físico de cada um. Enquanto estamos caminhando, apenas observando as outras pessoas, na nossa cabeça fica a sensação de que só nós estamos sofrendo. Recordo-me de caminhar com bolhas nos pés, e, a cada passo, as bolhas se manifestavam na forma de uma dor aguda captada pelo cérebro. Eu olhava as outras pessoas caminhando e imaginava sempre que elas estavam na sua melhor condição física, que não estavam sofrendo nenhum tipo de dor ou indisposição e que apenas eu estava penando dia após dia para completar a minha caminhada diária.

Na vida e na caminhada, podemos estar cercados de pessoas. Em uma multinacional, em uma grande peregrinação. Mas, no fundo, estamos o tempo todo sozinhos.

Dores físicas, sofrimentos emocionais. Temos a sensação de que todo mundo está caminhando bem, enquanto só a gente não consegue. E aí fica aquela impressão contínua de que o outro está sempre bem e somos nós quem temos algum "defeito de fábrica".

Hoje, por estudar Psicologia, sei que expor os próprios sofrimentos é uma barreira cuja ultrapassagem depende muito de cada situação. E acho que o efeito é mais positivo quando expomos nossas dores, acolhendo o sofrimento — mesmo que aquilo nos submeta a julgamentos. Mas, atualmente, quem quer ser julgado?

O ideal de vida perfeita imposto pelas redes sociais não permite que as pessoas exponham seus sofrimentos — e aquelas que o fazem acabam culpabilizadas por isso. Assim, vivemos na sociedade da culpabilização.

Ninguém imagina como é difícil fazer a caminhada. Só você sabe. E, ao mesmo tempo, ninguém conhece a dor de um gestor, de um líder. Só ele conhece a dor que carrega no processo.

Acreditamos que as figuras introjetadas dentro de nós estão nos julgando. Aquele pai e

> **O ideal de vida perfeita imposto pelas redes sociais não permite que as pessoas exponham seus sofrimentos.**

aquela mãe que estão na nossa cabeça — e continuamos a não acolher o sofrimento e a não o demonstrar.

Todos nós passamos por processos ao longo da caminhada — e a de Santiago é um ambiente propício para se falar sobre tudo aquilo que nos aflige.

Ao longo do Caminho, encontrei muitas pessoas que chegavam até mim, desabafavam por uma hora e continuavam caminhando. O desabafo traz alívio. E, com os companheiros de caminhada, percebemos um número significativo de pessoas em busca de uma resposta. E todas compartilham da mesma busca.

Já contei sobre o episódio de minha conversa a respeito de minha dificuldade de me comunicar com meus filhos. Minha interlocutora sugeriu que eu os escutasse mais. Isso foi um divisor de águas na minha experiência de paternidade, que teve também um impacto na minha vida como um todo. Mas, porque eu me abri para isso, estava aberto a ouvir.

Precisamos enxergar o sofrimento dos outros — e o nosso.

São dois caminhos: a imagem que as pessoas passam e a imagem que nós enxergamos delas. Em uma das conversas que tive uma vez com uma mulher que pedia conselhos, percebi que eu jamais conseguiria tirar alguém do sofrimento. Eu disse à pessoa que desabafava comigo: "Percebo como você está sendo forte". Ela retrucou de imediato: "Não estou sendo forte! Estou na zona de risco!".

Na realidade, eu queria tirar a pessoa daquele sofrimento, mas falava com alguém que não estava lá para ouvir que era forte. Eu simplesmente deveria ficar ao lado da pessoa e deixar que ela sentisse aquele sofrimento. Não devemos invalidar o sofrimento do outro, tampouco tentar potencializar a sua força. Basta estar ao lado e acolher a dor.

Em contrapartida, passamos a vida toda buscando pessoas que sofrem mais do que nós para justificar para nós mesmos que devemos nos sentir bem, "já que Fulano carrega tal cruz". Isso é miopia.

Se um gestor está indo mal em sua empresa e de repente olha para outra que quebrou e comemora, porque "pelo menos

> **Não devemos invalidar o sofrimento do outro, tampouco tentar potencializar a sua força. Basta estar ao lado e acolher a dor.**

não faliu", ele está evitando enxergar a própria situação. E precisamos acolher a situação que enfrentemos, seja ela qual for.

É difícil enxergar o sofrimento do outro e dar a devida dimensão ao nosso. Muitas vezes, é mais difícil enxergar as dores — e é mais fácil ver as de terceiros do que as nossas.

Certa vez, em uma sessão de terapia, meu psicólogo disse que eu sempre diminuía o meu sofrimento, porque eu tentava ver tudo o que acontecia por um viés positivo, afirmando: "Isso não é um problema".

Eu me culpava por ficar chateado quando as ações da Bolsa caíam. "Moro em um país no qual as pessoas passam fome e estou chateado por isso?", eu me questionava. Mas estar triste era um estado, e eu não podia invalidar esse sofrimento.

Por mais bobo que a gente pareça, é preciso olhar para nossas dores. Todos nós temos o direito de sofrer.

Existe um pensamento positivo tóxico que muitas vezes permeia discursos na internet e faz com que as pessoas olhem apenas para aquilo que é positivo. E isso desqualifica a real situação. Olhar para o seu fracasso é real.

A negação é um processo usual no ser humano. Se eu crio uma imagem idealizada de mim mesmo e me apego demais a ela, isso pode se tornar doentio, pois passo a desejar, a todo custo, ser a imagem que eu imaginei. Ou a que queiram que eu seja. Com isso, começo a negar a realidade para que a imagem permaneça viva dentro da minha cabeça; ela se torna um delírio, porque eu nego fatos buscando estratégias de defesa.

Se é com relação aos negócios, eu digo que fiz a coisa certa com o que tinha à disposição, quando, na realidade, cometi erros, e isso é difícil de admitir.

O contrário disso seria uma autoestima baixa e acreditar que sempre tudo está mal. Não se consegue ver que a vida está correndo bem.

É preciso ouvir a si mesmo. Os sintomas são mensageiros de algo guardado no inconsciente e, em algum momento, isso vem à tona para ser resolvido. Se não, ficamos só com os sintomas.

Qual é o problema, de fato?

O que você não está conseguindo enxergar?

Vamos respirar fundo e tentar verificar o que está por trás das coisas.

Imagine que você já tenha um pensamento mais negativo e ache que não é capaz de nada na vida. Vai ser mais difícil ver o lado positivo das coisas. Mas, se você nega que algo possa estar indo mal, está no outro extremo.

É preciso observar a si mesmo. E parar de julgar o outro que coloca o sofrimento à tona.

Muitos de nós não queremos enxergar o sofrimento do outro porque aquilo escancara que também temos nossas próprias vulnerabilidades.

Na vida, carregamos os nossos sofrimentos, mas dificilmente enxergarmos o sofrimento dos outros. Vivemos uma vida de ilusão, em que todos mostram a sua melhor versão, transmitindo uma sensação de que tudo está às mil maravilhas, mas, na realidade, as coisas não são bem assim.

Se temos dificuldade para enxergar o sofrimento físico, o que dizer do sofrimento psicológico? E, ainda que sejamos expostos de maneira escancarada ao sofrimento mental do outro, como acolhemos essa dor? Expressões de consolo, como "vai passar", "você tem uma vida maravilhosa", "está reclamando de barriga cheia", não ajudam a quem nos traz esse sofrimento.

Respeitar a dor do outro é essencial para acolhê-la. Ninguém sente a dor que estamos sentindo e, por mais que sejamos compassivos, acabamos por imaginar a dor que o outro sente com base em nossas experiências, e não com base na história de vida de quem sofre. Não conseguimos sentir a dor do outro, por isso, só nos resta respeitá-la, sem tentar diminuí-la. Respeitar significa não buscar as razões do sofrimento do outro, significa não dizer que ele sofre porque não faz isso ou aquilo, não dizer que ele sofre porque é tolo, que está sofrendo por uma pessoa que não vale a pena. Acolher a dor é estar ao lado da pessoa, como na caminhada; estar ao seu lado para o que essa pessoa precisar.

CAPÍTULO 11

Nunca perder a
noção da realidade

STÁ NA MODA DIZER QUE "VAI DAR TUDO CERTO". Quantas vezes você não ouviu essa frase de pessoas bem-intencionadas que queriam animá-lo a seguir adiante quando estava no meio de um turbilhão de problemas?

Mas a verdade é que nem sempre dá. E a noção de realidade é o que não se pode perder no meio do caminho.

Não. Não vai dar certo sempre. E você vai sobreviver a isso. Só não pode criar ilusões de que as coisas darão certo por definição. Na vida, uma das coisas que fazemos para tentar nos proteger é dizer que tudo vai dar certo. Aquela velha e boa positividade tóxica que enche muita gente de ilusões e cria um discurso de desonestidade. Mas é justo nos lembrar de que nem tudo dará certo. Somos humanos.

Se eu sou gestor de uma empresa, as pessoas ao meu redor podem me dizer que estou indo bem, afinal, poucos são honestos a ponto de indicar os

> **Não. Não vai dar certo sempre. E você vai sobreviver a isso.**

erros do chefe. "Você é o máximo", eles dizem. E o sujeito, dono da cadeira, acredita que está fazendo tudo da melhor maneira possível, quando, na verdade, não está. Está simplesmente iludindo a si mesmo.

O que mais vejo por aí são líderes que acreditam que serão servidos, quando a liderança verdadeira é servir. Um líder tem que criar um ambiente e facilitar as coisas para atingir determinado fim. Mas, na maioria das vezes, ele cobra as pessoas e as pressiona para que tudo dê certo. E constantemente perde a noção da realidade.

Perder a noção de realidade é uma das piores coisas para qualquer líder, porque ele pode cair e não saber mais como se levantar. Enquanto não sofre o primeiro tombo, ele perde a noção de realidade, porque se sente um super-herói, e, nesse instante, é complexo entender o tamanho do buraco onde se enfiou. Ele nem sequer o percebe.

Imagine um sujeito que decide brincar de tiro ao alvo e dá a sorte de acertar na mosca logo na primeira tentativa. Ele não tem histórico de erro e se sente superconfiante. Mas uma hora ele começa a errar. É inevitável. E aí sente um desespero correr pelas veias.

A mesma noção vale para um empresário que lança um produto cheio de confiança e de fato cria algo que supre uma necessidade de mercado que não havia sido atendida. Ele se sente um gênio. Mas a verdade é que nem é necessário ser muito bom para conseguir um acerto desses. Basta suprir uma demanda reprimida.

Abri a editora em um momento em que não havia CDs de jogos sendo oferecidos em bancas de jornais. Suprimos essa demanda e acreditamos que estávamos fazendo um produto bom. O que acontecia? Não tínhamos histórico de erros e nos achávamos imbatíveis. A questão é que, nesse momento, a pessoa pode colocar tudo a perder.

Todos já nos deparamos com charlatães que criam ilusões a partir de discursos motivacionais. Muitos creem nesses discursos e depois se sentem culpados quando nada dá certo. As vítimas mais fáceis são pessoas que já acreditam de antemão que são fracas. É uma covardia.

Aquele que vende um discurso desses não diz que o erro foi seu. Ele põe a culpa no sujeito que "não deu o seu melhor". Quando se coloca Deus no meio, pior, porque, se não dá certo, a pessoa acredita que não é abençoada. "Não mereço mesmo. Não era o tempo certo." E o indivíduo se culpa, acreditando que é do seu "destino" as coisas não darem certo para ele. Então, cria-se essa falsa ideia, muitas vezes mediante exemplos que reforçam a noção de que "os outros" conseguem porque acreditam.

Em uma empresa, se um líder perde a noção da realidade, perde a mão de tudo e põe em jogo a saúde financeira da empresa. Se ele começa a investir mais do que um projeto suporta, com base em um eventual "eu sei o que estou fazendo", pode dar um tiro no pé. Quantos empresários já não perderam a noção da realidade mesmo dizendo "eu sei o que estou fazendo"?

> **Quando se coloca Deus no meio, pior, porque, se não dá certo, a pessoa acredita que não é abençoada. 'Não mereço mesmo. Não era o tempo certo.'**

Quando o futuro da empresa não é lastreado por números, pela ciência da administração, não adianta recorrer ao chutômetro. O plano de negócios deve ser elaborado como se elabora um artigo científico: definir uma hipótese, buscar dados e pesquisar muito para validá-la ou refutá-la — e é necessário pesquisar na teoria —; isso está validado e funciona.

Na ciência da administração, deve haver imparcialidade com base em dados concretos para que possamos confirmar a hipótese inicial. A pessoa se mantém imparcial — se ela for parcial, tentará validar a sua hipótese.

Muitos empreendedores não conseguem lidar com a realidade. São capazes de valorizar a força de vontade e determinação, mas não percebem que essas são coisas subjetivas. O que determina se algo vai vender e se tem potencial de mercado não é um achômetro.

No Caminho de Santiago, lidei com alguns momentos em que era possível perder a noção da realidade, como em Cebreiro.

> **Na ciência da administração, deve haver imparcialidade com base em dados concretos.**

Cebreiro é um dos pontos icônicos do Caminho de Santiago. A subida até esse vilarejo celta, que fica a mais de 1,1 mil metros de altitude, é tida como a mais difícil do Caminho, o que faz com que todos se sintam ansiosos pela chegada desse desafio. Estamos falando de um ganho de altitude de oitocentos metros ao longo desse trecho; nos oito quilômetros anteriores já ganháramos seiscentos.

É uma subida considerável, mas não é pior do que a subida entre Luminosa e Campista, no Caminho da Fé, onde o ganho de altitude é de um quilômetro para a mesma distância.

Já havia superado duas vezes esse trecho de Luminosa, por isso, enchi o peito de ar e encarei com muita vontade o trecho mais íngreme do Caminho de Santiago. Consegui subir sem muitas dificuldades e, conforme eu ia me sentindo bem na subida, mais eu enchia o peito e levantava a cabeça, sentindo-me o mais bravo dos bravos.

O orgulho é um sentimento muito complicado. Não deve ser extinguido, mas deve ser experimentado com moderação. Não é que eu sinta culpa por ter me percebido orgulhoso ao superar aquele trecho do Caminho, pois acredito, sim, que temos que nos orgulhar das nossas conquistas. Mas temos de fazê-lo sem nunca perder o chão, sem nunca perder a noção da realidade. O orgulho pode levar à soberba, e a soberba anda de mãos dadas com a arrogância.

Estava eu, então, emanando energia, pisando firme e orgulhoso por estar chegando a Cebreiro sem muitas dificuldades, quando avistei à frente algo que demorei um pouco para acreditar. Uma peregrina cega estava terminando, assim como eu, esse trecho do Caminho de Santiago, com a diferença óbvia de que ela não enxergava por onde andava. Essa peregrina veio do Japão e estava fazendo os oitocentos quilômetros do Caminho Francês contando apenas com uma pessoa de apoio, que só guiava oralmente seus passos, evitando que ela se machucasse ou errasse o caminho.

Após passar por essa peregrina, todo orgulho e todas as passadas firmes que eu vinha dando até aquele ponto se transformaram em um sentimento estranho, difícil de descrever. Eu, vangloriando-me mentalmente do meu feito, deparei-me com alguém que tinha alcançado a mesma façanha, mas de uma forma muito mais difícil.

São vivências que o Caminho proporciona e que levamos para toda a vida. Caí na real de que, por mais que meus feitos sejam motivo de orgulho, alguém vai fazer coisas muito mais dignas de aplausos. Por mais que eu me sinta forte, haverá alguém muito mais forte do que eu. Por mais que eu seja rápido, alguém será muito mais rápido do que eu. Lógico que não devemos sentir que somos menos do que os outros por causa disso, mas tampouco devemos nos achar superiores, pois, seja qual for essa medida de superioridade, alguém terá mais motivos para nos achar inferiores.

Não somos mais especiais do que ninguém e ninguém é mais especial do que nós. Somos únicos, não existe outra pessoa igual a nós e, por isso, mesmo as comparações são incabíveis. A história de vida que ajudou a formar a nossa identidade é só nossa. Não existem duas pessoas que viveram a mesma vida, de modo que não existem duas pessoas iguais no mundo. Como compará-las? Como nos julgarmos mais especiais do que alguém se certamente esse alguém vê um mundo diferente do que aquele que nós enxergamos?

Podemos perder a noção da realidade em muitos momentos de nossas vidas, mas sempre precisamos de pessoas que nos tragam esse "choque" para que possamos entender de fato onde estamos e se a trilha que estamos enfrentando é realmente a mais difícil — ou se a dificuldade (ou pretensa facilidade) é apenas fruto de nossa imaginação.

CAPÍTULO 12

Olhe para trás e veja a beleza do caminho

LEÓN É UMA CIDADE LINDA, SEJA DE NOITE, SEJA de dia, de qualquer ângulo. Foi uma das lindas paradas do Caminho. Para chegar a Santiago, faltava pouco mais de trezentos quilômetros, então, a cada dia se tornava mais evidente a sensação de que essa experiência maravilhosa estava terminando. Até a cidade de Hospital del Orbigo, foram quase trinta quilômetros de caminhada, e, no dia seguinte, seriam mais 28 quilômetros até a cidade de El Ganso.

El Ganso é uma das cidades do Caminho que parecem ter sido abandonadas pelos seus habitantes. O clima frio quando passei por ela pode ter ajudado a reforçar essa percepção, mas o fato é que não vi nenhum habitante da cidade no período em que permaneci por lá.

O que me marcou foi que, em uma parte desse trecho, eu fiz uma coisa muito simples. Parei e olhei para trás. Que surpresa eu tive ao ver um Caminho muito mais bonito do que aquele que eu vinha percorrendo! Olhando para trás, a paisagem era outra, e eu fiquei pensando em quantas paisagens bonitas eu deixara de ver pelo fato de estar sempre olhando para a frente, buscando referências que me mostrassem o quão longe eu estava de meu destino. O quanto deixei de viver do Caminho ao não olhar para trás?

Na vida, quantas vezes deixamos de olhar para os caminhos que já percorremos? Quantas vezes, em nome de buscar nossos objetivos, deixamos de refletir e perceber o

> **O quanto deixei de viver do Caminho ao não olhar para trás?**

quanto já caminhamos, o quanto já conquistamos desde que começamos nossa jornada?

A correria do dia a dia, a ansiedade para que chegue o dia de uma viagem, o dia da formatura, o dia do nascimento dos filhos, o dia do casamento de um deles, o dia do nascimento de um neto... Quando olhamos só para a frente, deixamos de perceber os detalhes dos caminhos por onde passamos.

Foi caminhando que percebi que, ao longo do trajeto, só olhamos para a frente.

Olhar para trás, reconhecer o que construímos na nossa caminhada e ver o que conquistamos é vital. Desmerecemos o caminho que trilhamos e, se encontramos uma dificuldade qualquer, acreditamos que somos impotentes e não conseguimos seguir adiante.

> **Olhar para trás, reconhecer o que construímos na nossa caminhada e ver o que conquistamos é vital.**

Ao olhar para trás, vemos por quantas coisas já passamos.

Olhe para a sua caminhada e tente enxergar tudo por que já passou. Se consegue enxergar tantas belezas no caminho, você não perderá a força de continuar caminhando. Às vezes, a sensação é de derrota. Parece que estão batendo em cachorro morto, e, quando chegam as pancadas, parece que não conseguimos mais aguentar.

Só que a vida é movimento. É resolver coisas, é ver tudo acontecendo. Não adianta nos paralisarmos por causa do que está acontecendo ou perdermos a força da caminhada porque o caminho está difícil.

Muitos pensam em desistir diante de um grande obstáculo e, quando olham para trás, enxergam que ultrapassaram obstáculos muito piores que aquele. Portanto, nesses momentos, olhar para trás faz com que você resgate a sua força.

Tente enxergar as suas conquistas e a parte bonita da vida. Não são só dificuldades. Existem momentos de celebração, mas, em momentos de dificuldade, não conseguimos enxergar o que foi bonito no caminho, muito menos as forças que despendemos para percorrê-lo.

É necessário olhar para tudo o que acontece e tentar ver a beleza do caminho — na verdade, tanto do caminho quanto da vida.

Muitos têm dificuldades de resgatar os pontos de virada na própria história, os momentos em que tudo muda. Os pontos de inflexão. Na maioria das vezes, esses pontos acontecem quando tudo dá errado e as pessoas têm a oportunidade de se reencontrar.

Vejo empresários que buscavam reconhecimento e, quando faliram, relaxaram, depararam-se com a realidade nua e crua, e viram que estavam em um caminho que não condizia com aquilo por que sua alma ansiava.

Às vezes, não paramos para ponderar sobre o quanto as derrocadas e os desvios, as subidas e as dificuldades nos levam a uma reflexão a respeito do caminho que estamos trilhando.

Eu fui para o Caminho a fim de buscar uma reflexão relacionada a um momento de trabalho, mas mudei a perspectiva e decidi fazer outra coisa. Na vida, porém, não é todo mundo que tem um Caminho de Santiago para trilhar e observar, durante o qual reflita sobre o que passou. Precisamos fazer pequenas pausas para observar como podemos resgatar nossa força de continuar.

Basicamente, quando olhamos para trás e enxergamos a nossa trajetória, resgatamos nossas forças para continuar.

Se uma pessoa passa por um problema qualquer, pode parar e observar o que conseguiu realizar com seus talentos e buscá-los novamente dentro de si.

Quando olhamos para tudo por que passamos, conseguimos entender o que nos tornamos e o que já produzimos ao longo dos anos. Isso ajuda a nos lembrar de que podemos "nos garantir". Se nossos filhos constroem uma história também, podemos igualmente nos orgulhar por isso.

Assim como podemos nos orgulhar por construir nossa carreira e estar no momento em que estamos hoje. Mas, normalmente, olhamos e não conseguimos reconhecer. Ou olhamos e enxergamos sob outro prisma, com uma visão absolutamente deturpada da realidade.

Ademais, muitas vezes não reconhecemos nossos próprios feitos. Nunca sabemos quando estamos em nosso auge. Pode haver métricas para definir isso — eu, como gestor, vejo que meu auge ocorreu quando havia duzentos funcionários sob minha supervisão. Entretanto, naquele momento, não desfrutei desse auge, e só depois fui reconhecer o quanto aquilo era bacana.

Atualmente, faço o exercício de escolher um dia no meu passado e viver aquele dia inteiro com a minha cabeça de hoje.

Meu pai faleceu quando eu era muito jovem. E há uma festa que foi filmada em 1986. Eu consigo me enxergar naquela festa para poder dar um abraço no meu pai e na minha avó, e contar a eles que tenho dois filhos e tudo que aconteceu depois de sua partida.

> **Nunca sabemos quando estamos em nosso auge.**

É um exercício forte, mas você pode escolher um dia que lhe pareceu especial. Ao reviver esse dia, você entende como viveria aquilo novamente.

Eu diria para o Gerardi que foi empresário: respira, aprecia. Mas hoje consigo enxergar quando olho para trás. Não olho com lamento porque a empresa fechou e tinha tudo para dar certo. Consigo enxergar que o caminho foi trilhado com o que eu tinha de habilidades na época. Não é um exercício para nos culpabilizar do que poderia ter sido feito.

Fazemos sempre o que acreditamos ser o melhor. Se, por um lado, sabemos que faríamos coisas melhores, por outro, não.

Há coisas que tivemos coragem de fazer no passado, mas que hoje não faríamos. Usar esse olhar pode resgatar a força que tínhamos e nos ajudar a ter orgulho daquela pessoa: a pessoa que nós somos.

Você encontra soluções quando resgata a beleza do seu caminho. Você enxerga o que fez, o que realizou.

Em muitas coisas na vida, não conseguimos observar no momento a beleza do caminho — só depois que atravessamos aquele período. E, quando olhamos para trás, resgatamos essa beleza.

No âmbito profissional, é fundamental que enxerguemos as nossas conquistas, a maneira como lidamos com os desafios. Afinal, na correria do dia a dia, tudo fica no automático e nem percebemos como as coisas aconteceram. Quando nos damos conta, já passou.

Mas olhe que interessante enxergar o passado como uma conquista de tudo o que você conseguiu construir.

Isso muda a nossa caminhada, porque cada passo que damos nos faz olhar mais fundo, ainda que conectados com o presente. E, se algo não deu certo, urge olhar e aprender com aquilo. Mesmo que o caminho não tenha sido belo, ele, de alguma forma, será útil no momento de definir os próximos passos.

Devemos ver a caminhada desde o início para entender para onde estamos indo. Desta forma, minimizamos os problemas que estamos enfrentando no presente, pois percebemos que, no todo, eles não significam muita coisa. Na verdade, a maioria dos obstáculos que nos tiram o sono hoje, *no todo*, pode não significar absolutamente nada.

Observar a vida que passou faz com que redimensionemos os problemas e absorvamos nossas forças.

Muitas vezes, também temos medo de olhar para o que passamos porque pode ser assustador e não queremos reviver aquilo. Coisas terríveis acontecem e acabamos por trazê-las para o presente ou para as experiências do presente. Ao trazer o medo para a experiência do presente, ficamos naquele medo sem saber como chegamos a ele.

Falar sobre ele é uma chance de ressignificá-lo, pois trazer um medo para o presente é encontrar uma nova forma de interagir com aquele sentimento ou validar um sofrimento sem tentar fugir.

> " A maioria dos obstáculos que nos tiram o sono hoje, *no todo*, pode não significar absolutamente nada. "

Olhar para a beleza do caminho que ficou para trás faz com que você estabeleça uma relação consigo mesmo: uma relação em que entende suas conquistas, observa suas falhas e reconhece como pode adquirir novas forças sem cair nos mesmos buracos que fizeram com que acreditasse que estava na hora de desistir.

Olhar para trás e ver a beleza do caminho é decidir que vale a pena continuar. Sempre.

CAPÍTULO 13

O paradoxo da existência

VIVEMOS UM PARADOXO. TODOS OS DIAS. Se vivemos uma experiência muito boa, ficamos tristes quando ela termina; no entanto, pelo mesmo motivo, ficamos felizes. Quando vivemos uma experiência muito triste, é o oposto; ficamos tristes por a termos vivido, mas ficamos felizes porque ela acabou. Entramos nesse paradoxo. E no Caminho isso é muito nítido.

Os trechos finais não são os mais bonitos, e eu confesso que me recordo mais das primeiras cidades do que das últimas, talvez por estar já me despedindo da jornada e me sentir muito mais reflexivo do que no início. O fato é que os últimos trechos foram mais marcados por reflexões; já estava claro na minha mente que a experiência havia sido fantástica e eu caminhava não com a ânsia de chegar, mas com a nostalgia presente de saber que dificilmente encontraria novamente pessoas tão bacanas como as que havia conhecido e sem saber ao certo quando teria outra oportunidade de fazer o Caminho de Santiago.

A verdade é que, quando começamos o Caminho, sabemos que teremos de caminhar oitocentos quilômetros, portanto, quando estivermos nos aproximando do final, imaginamos que será a maior felicidade do mundo estarmos perto de concluir tal empreitada. Só que, durante o trajeto, fui percebendo o quanto aquilo era especial.

O Caminho — de Santiago e da vida — é feito de pessoas. Nunca teremos outro igual. O Caminho estará lá, os albergues estarão lá, mas as mesmas pessoas, não.

Eu havia lido alguns livros antes de começar a minha caminhada com relatos iguais a esse e me pegava pensando que jamais seria acometido por algo parecido. Eu imaginava que, a esse ponto, faria de tudo para conseguir terminar o Caminho no menor número de dias possível, mas, agora, via-me passando pela mesma coisa que lera nos relatos. Queria viver mais o Caminho, pelo menos mais uma noite, e deixei para fazer os últimos dez quilômetros totalmente descansado e em ritmo lento.

O fato marcante em Vallacola foi ter errado de albergue. Não me recordo muito bem, mas entrei em uma casa que havia sido alugada por alguns peregrinos, alojei-me e só depois descobri que estava no local errado. O proprietário da casa que eu havia reservado foi me buscar lá e, por razões óbvias, não entrei no carro. Fui a pé para o local correto.

Logo quando cheguei, lavei as roupas e minha bota, de modo que chegaria em Santiago limpo e perfeitamente asseado. Como era o último dia, permiti-me o luxo de almoçar em um restaurante bacana que havia na cidade. Acordei cedo no outro dia e caminhei lentamente rumo a Santiago, aproveitando os últimos passos, olhando com os olhos arregalados toda a paisagem do Caminho, saboreando o último café na estrada e respirando fundo o ar da manhã.

O final foram dez quilômetros de pura nostalgia. Resolvi fazê-los sozinho, e esse pequeno trecho foi totalmente diferente do que eu havia imaginado anteriormente. Acreditava que chegaria pulando de alegria em Santiago, comemorando a façanha de ter caminhado os oitocentos quilômetros, de ter feito a pé uma distância que eu poderia depois ver em um mapa-múndi, de ter superado bolhas, dores, mal-estar, subidas, descidas e assim por diante. Mas nada disso aconteceu. Lógico que a alegria estava presente, mas a tristeza de terminar uma experiência tão bacana se manifestou com a mesma intensidade.

Ambivalência de sentimentos foi o que experimentei de uma maneira muito nítida. Nunca havia sentido isso anteriormente, de forma tão clara. Difícil imaginar situações parecidas; talvez a sensação dos filhos saindo de casa ou de um baile de formatura da faculdade. Seja qual for a experiência, porém, um dos sentimentos vai prevalecer, e, nesses exemplos, o de felicidade supera o de tristeza. Na chegada do Caminho, não: os dois foram equivalentes. A felicidade de finalmente chegar, depois de um mês caminhando todos os dias, a felicidade de ter superado as adversidades e de não ter tido nenhum problema físico que me impedisse de completar a jornada. Ao lado da tristeza de uma das experiências mais bacanas da minha vida estar acabando, tristeza de saber que havia sido uma experiência única, fruto do contexto de tudo o que se passava em minha vida e do que foi vivido naqueles trinta dias; uma experiência que não seria replicável. Tristeza de saber que não veria mais aquelas pessoas e felicidade de estar voltando para a minha família.

Pensando agora, vejo que esse equilíbrio entre alegria e tristeza é o que de melhor poderia acontecer. Percebi algumas pessoas com mais sentimento de tristeza, pois sabiam que, ao retornar para suas casas, estariam presentes todos os problemas que lá haviam sido deixados. Eu imagino que essas pessoas foram embora, mas ficaram presas ao Caminho por um tempo muito maior.

Quando parti para o Caminho, não havia deixado problemas no Brasil, só coisas boas e resolvidas, então, retornar

> " Pensando agora, vejo que esse equilíbrio entre alegria e tristeza é o que de melhor poderia acontecer. "

foi algo muito bom também. O contexto que me levara até lá tinha sido o de poder refletir sobre a minha vida, e isso foi atingido com muito êxito. Assim, o que me restou foi transformar aquela tristeza em boas recordações, em uma saudade que eu carrego comigo até hoje.

Fazendo um paralelo com o mundo dos negócios, é como se não soubéssemos o que está acontecendo a cada minuto. Estamos em uma caminhada sem destino e não sabemos onde nem quando ela vai terminar. Andamos de uma maneira tal que não sabemos de que forma continuamos a trilhar. É como se

ALESSANDRO GERARDI

o vento nos jogasse de um lado para o outro e continuássemos caminhando sem saber para onde.

Em uma empresa, podemos fazer uma analogia com os projetos que empreendemos. Cada projeto é trabalhado por si, com metas e etapas. Se ele for concluído de uma maneira bacana e se tivermos conseguido vivenciar cada uma de suas etapas, podemos até ficar tristes ao finalizá-lo, porque cada projeto é único. Mas a felicidade está em concluí-lo.

Agora, estou trabalhando no projeto deste livro, e ele é único. Não haverá outro. Mesmo que eu escreva mais livros, não serei a mesma pessoa, porque vou mudando com o passar do tempo.

Precisamos ter a oportunidade de encerrar algo dentro da empresa. Muitos empresários sabem quanto querem faturar a cada ano. Se conseguem faturar o planejado, ficam felizes, mas não têm o momento de tristeza.

Muitas vezes, no trajeto da vida e dos negócios, quando conquistamos algo, não conseguimos nos lembrar das dificuldades enfrentadas no trajeto. Em contrapartida, muitas pessoas só conseguem enxergar o quanto foi difícil.

Fazendo um paralelo com a nossa vida, sabemos que vamos morrer, mas será que conseguimos enxergar algo único em nossa trajetória?

Recordo-me de poucos dias antes, quando minha caminhada até Santiago estava terminando. A nostalgia já começava a tomar conta dos meus passos. Não havia acabado o Caminho ainda, mas já começava a sentir saudades dele.

A chegada a Portomarín foi muito bacana. Pelo Caminho, dá para avistar a cidade ao longe, lá do outro lado do rio Minho, que é cruzado por uma ponte romana reconstruída na Idade Média. Na praça central da cidade, existem vários restaurantes com mesas na calçada, repletas de peregrinos. Dei uma volta na praça e reencontrei algumas pessoas que havia conhecido semanas atrás, no começo da caminhada.

Difícil descrever a sensação de encontrá-las; ela se assemelha à sensação de voltar para nossa cidade natal e reencontrar amigos da época de escola. Foi muito estranho: ao reencontrar pessoas que havia conhecido há uma semana, parecia que estava reencontrando amigos de longa data. Talvez a incerteza de reencontrar ou não uma pessoa no Caminho ajude essa sensação a parecer tão forte. Na realidade, você reencontra alguém que não imaginava ver novamente. Ao sair de manhã rumo à próxima parada, nunca sabemos se reencontraremos as pessoas que conhecemos, e reencontrá-las é sempre motivo de muita alegria.

São justamente momentos especiais como esse que fazem com que as dificuldades do Caminho sejam colocadas em um lugar bem menos acessível de nossa memória. É incrível como, depois de algum tempo, nossa memória prioriza muito mais as sensações boas do que as ruins. Recordo-me claramente de que, somente depois de iniciar a minha segunda passagem pelo Caminho da Fé, pude me lembrar de tudo o que sofrera na primeira vez que tinha feito aquela peregrinação. Não sei explicar o motivo de isso acontecer. Hoje, puxando na memória as experiências vividas nessas três peregrinações, tenho consciência de que sofri com dores ao longo do caminho, tenho consciência de como essas dores podem ser limitantes e até inviabilizar a conclusão do trajeto. No entanto, se eu tentar fazer um comparativo entre memórias boas e ruins, eu diria que o meu cérebro tem 90% das memórias relacionadas a situações de felicidade e realização, e um registro de 10% acerca das dificuldades.

Quando eu falo de dores, refiro-me a dores com níveis altos de intensidade, e não a meros desconfortos físicos. Recordo-me de algumas situações em que as dores me fizeram ter certeza de que abandonaria o Caminho no dia seguinte, mas o desejo de continuar foi maior, e hoje elas simplesmente têm uma relevância muito menor quando comparadas com o registro da felicidade de alcançar o objetivo. E reitero que estou falando de dores — dores muito fortes —, mas não de contusões. Nesse caso, mesmo que a pessoa tenha toda a vontade do mundo, continuar caminhando não será possível. Ou, no mínimo, não será uma decisão sábia.

Se tivesse de fazer um paralelo com situações que vivemos em nossa vida, eu arriscaria dizer que as dores que sentimos serão apagadas de nossa memória caso elas tenham se apresentado para dar significado a um contexto maior. Então, se estou sofrendo por estar em busca de um objetivo, as dores farão parte dessa caminhada, mas o registro final na minha memória será o de ter alcançado o objetivo — não o de ter sentido dor. Não importa pelo que você estiver passando — uma situação difícil, de provação, de dores —, se, em algum momento, pensar em desistir, saiba que as dores não existirão em sua memória quando o objetivo for alcançado. Elas fazem parte da história, mas o registro que fica em nosso cérebro é o do sucesso. E, em âmbito profissional, o sucesso registrado no cérebro é vital para que as pessoas tenham boas recordações do processo.

É importante parar e aproveitar o momento, ficar feliz com ele. O fato é que todos acabam mostrando o seu melhor lado no caminho e no trabalho. Não existem pessoas 100% boas; nunca existiram. Somos uma mistura de pessoa boa com pessoa má, e, se você enxerga alguém como totalmente bom ou totalmente mau, tenha certeza de que isso é fruto de uma idealização.

Ao mesmo tempo, um gestor não pode permanecer impassível no final de um projeto, no final de um ano. Esse é um indicador de que algo não está totalmente certo, de que ele está vivendo alguma coisa de maneira errada. O "tanto faz" não nos ajuda a aprender com as experiências.

CAPÍTULO 14

Colocando os ensinamentos em prática

N O CAMINHO, NÃO IMPORTA O QUÃO RÁPIDO VOCÊ ande, todos vão a Santiago. Nesse ponto da caminhada, a ansiedade inicial para saber quantos dias eu levaria para completar os oitocentos quilômetros já não existia mais. O que existia era a certeza de que eu chegaria. Meu corpo me dava essa certeza, e o fato de chegar a Santiago em mais ou menos dias não faria diferença, como eu imaginava no começo. Sempre fui competitivo e me orgulharia dizer que fiz o Caminho em menos dias, mas, depois de muito tempo na estrada, eu já havia percebido que mais ou menos dias não diriam muita coisa a respeito da experiência que eu estava vivendo. Há pessoas que caminham dez quilômetros por dia, outras vinte; eu escolhi caminhar trinta, que foi a distância que mais fez sentido para mim. Outras pessoas caminham quarenta, cinquenta quilômetros, mas não é isso que define a experiência, uma vez que o ponto final é o mesmo para todos.

O que ficou claro para mim é que, quanto mais dias você fica no Caminho, mais oportunidades tem de enxergá-lo com todas as cores. São mais albergues que você conhece, mais pessoas com as quais interage. Ir mais devagar significa viver mais profundamente a experiência.

Na vida, todos nós sabemos qual é o ponto final; todos chegaremos a ele, mais cedo ou mais tarde. Passar uma vida inteira correndo, assim como no Caminho, pode significar não viver à plenitude, não enxergar todas as cores do seu caminho.

A experiência no Caminho de Santiago foi fundamental para que eu decidisse mudar o ritmo da minha vida. Resolvi parar um pouco de correr, para que tivesse tempo de olhar para os lados e ver as pessoas que estão à minha volta. Minha jornada após ter colocado isso em prática está sendo muito mais produtiva, e deixei de lado a busca incessante por metas e objetivos em espaços de tempo cada vez mais curtos. Vivo cada dia como deve ser vivido, e os anos pós-Caminho de Santiago têm sido muito especiais. Tenho a sensação de que estou vivendo o melhor momento da minha vida, e ter feito o Caminho contribuiu para isso. A sensação que tenho é a de que estou mais acordado, mais ciente das coisas que estão acontecendo, e me sinto muito feliz por ter percebido isso antes de completar cinquenta anos de idade. Quem bom seria se tivesse percebido antes, mas que bom que percebi a tempo de mudar o rumo de minha vida, possibilitando que os anos que tenho pela frente sejam mais leves e mais bem-vividos dos que os que já se passaram.

Hoje, muito mudou em minha vida. Coloquei coisas em prática que não sabia como colocar anteriormente. Mas não sei ainda se a procrastinação vem do fato de as experiências vividas não serem tão fortes. Porque, quando temos experiências fortes o suficiente, a gente sabe que muda. É difícil continuar a mesma pessoa depois de algumas vivências que a gente tem.

Depois que uma empresa quebra, o gestor vai mudar.

Na minha carreira, eu comecei sem ter experiência de editor. Eu não sabia que tipo de capa fazia a diferença. Eu apenas fazia uma capa — e, se vendia, continuava na mesma toada. No entanto, se faço uma edição com uma capa de outra cor, acabo assimilando um novo conceito que agrego à minha experiência.

Colocar os ensinamentos em prática significa não carregar apenas a experiência do passado. Deve-se ajustar o leme em relação àquilo que foi colocado em prática lá atrás, para que agora possa ser adequado à nova demanda do mercado.

O mundo muda o tempo todo. Colocar ensinamentos em prática requer consciência, para que esses ensinamentos tenham conexão com a realidade vivida naquele momento. No mundo dos negócios, algo que deu certo pode ser replicável; em outras circunstâncias, não.

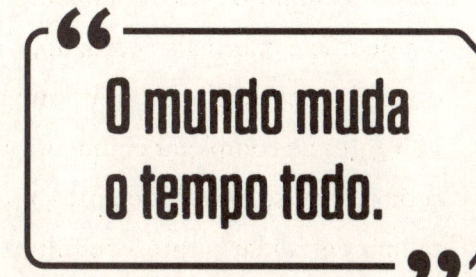

> **O mundo muda o tempo todo.**

Como você pretende colocar em prática tudo o que foi proposto aqui?

Como você vai buscar a humanidade em si mesmo?

Como buscar a melhoria contínua e o próprio caminho de evolução para sua vida?

Para mim, é emocionante demais escrever este livro, revisitar memórias e perceber o tamanho da transformação pela qual passei. Hoje, eu sei que o meu maior legado não é o que eu vou deixar de material, mas, sim, como vou impactar a alma e o coração das pessoas ao meu redor. Concluo este livro no mesmo dia em que tive o privilégio de testemunhar a primeira caminhada rumo a Santiago de Compostela do meu filho primogênito que, vejam só, leva o nome do avô. Foram dez dias ao lado dele, caminhando com e por ele. Dessa vez, não houve promessa, mas apenas o desejo genuíno de me conectar mais uma vez ao meu filho. E o que me vem à mente é o símbolo do infinito e como estamos todos conectados: o passado, o presente e o futuro. Meu pai, eu... meus filhos. Marcha!

AGRADECIMENTOS

À minha esposa, Clecia, e aos meus filhos, Lino e Alessandro. Como sou feliz por ter vocês em minha vida há mais de vinte anos.

À minha mãe, Tiana, e à minha irmã, Mônica. Obrigado pelo suporte que me dão desde sempre.

À Marcia e à Cinthia. Sem vocês, este livro não existiria.